임계점을 넘어라

임계점을 넘어라

개정판

리더십 너머
새로운 깨달음

김학재 지음

글로벌콘텐츠

어떤 책을 읽어야 할지 말아야 할지 혹은 사야할지 말아야 할지를 고민할 때 우리는 서문과 목차를 먼저 살펴본다. 서문과 목차를 보면 대강은 책의 구성, 내용을 짐작할 수 있을 뿐만 아니라, 저자의 내공 혹은 진정성 등을 감지할 수 있기 때문이다.

벌써 13년이 지난 지금, 내가 썼던 이 책의 초판 서문을 다시 읽어 보았다. 그 당시 어떤 마음으로 책을 쓰게 되었는지, 그때의 상황은 어땠는지가 선명히 보였다. 이후 역시 많은 것이 변했고, 변하지 않은 것 또한 여전히 있다. 과학과 기술 관련 분야에서는 스마트폰의 이슈를 인공지능 챗GPT가 대신하고 있다. 그렇지만 여전히 예수, 부처, 공자님의 말씀을 인용하고 있고, 행복이라는 주제를 탐구하고 있으며, 서점에서는 심리학 관련된 책이 베스트셀러 목록에 올라오고 있다. 당시에도 나는 심리학의 새로운 조류였던 '행동경제학'을 인용했고, 그 기조는 별로 달라진 것이 없다.

그러나 나에게는 큰 변화가 있었다. 리더십을 준 종교처럼 신봉하다 다른 길을 가게 된 것이다. 깨달음이란 말은 일반인에게 너무 거창하게 들리는 말이라 쓰기가 조심스럽지만, 깨달음이 있었다. 아, 당시에도 그런 예감은 있었던 모양이다. 임계점을 넘기 위해서는 "몸을 써야 하고, 반복이라는 과정을 거쳐야 한다."고 썼으니 말이다. 이것을 실제로 체험한 것이다. 관념의 세계에서 몸의 세계로 중심을 바꿨다.

우리가 하는 모든 일을 궁극적으로 '행복하기 위해서'라고 정의하는 사람들이 많다. 리더십이 행복을 가져다주는 수단이라고 생각했는데, 절대 불변의 원리가 아니었다. 이 또한 시대가 바뀌면 새로운 이론이 나오고 상황이 바뀌면 다른 방법론으로 대체해야 했다. 그렇지만 몸으로 체험한 깨달음의 세계는 언제 어디서나 항상하는 것이었고 변화하는 속성을 갖고 있지 않았다. 그러한 이야기를 본문에서 더 풀어 썼지만, 이 오묘한 세계는 말로 전달이 되지 않는다. 쉬우면서 어려운 것이 그 지점이다. 깨달았다고 하여 우리가 몸을 지니고 살아가야 하는 이 세상을 초월하거나 가벼이 여길 수는 없다. 모두가 산으로 들어가거나 무위로 세상을 살 수는 없다. 산이 계절마다 색을 바꾸고 물이 상황에 따라 모양을 바꾸듯 우리는 몸이 실체로 움직이는 인연의 세계에서 일상을 살아내야 한다.

바로 이 지점에서 리더십이 필요하다. 문명의 발전을 위해서는 과학적이고 수학적이며 방법론적인 머리를 써야한다. 그러면서 한편으로 늘 겪고 있는 고민과 번뇌, 불안과 공포 등에서는 생각을 비우는 연습을 해야 한다. 처음 깨달음을 얻었을 때는 이 두 세계가 완전히 별개로 동 떨어진 세계라 생각했지만 지금은 둘이 하나라는 생각에 닿아 있다.

리더십 전문가는 리더십에 대한 책을, 마음공부 혹은 마인드풀니스(Mindfulness)를 하는 사람들은 그것에 관한 책을 쓰지만, 이 책은 두 분야를 결합해 보려는데 의미가 있지 않겠나 자평을 해 본다.

이 책을 읽을 독자에게는 죄송한 말씀이지만, 개정판에서 쓴 글들은 거의 수정이나 퇴고 없이 마음이 가는 대로 기술한 것을 그대로 살렸다. 그것이 뭔가 깨달은 마음을 전달하는 진정성일 것 같은 마음이 들어서이다.

　이런 거친 작업을 날줄 씨줄로 꿰맞춰 준 임세원 편집자에게 감사의 말씀을 전한다.

2023년 6월

개정판을 내며

임계점을 넘어
'새로운 나'로 도약하길 원하는 이에게

임계점을 넘어서기 위해서는 단순히 노력만 한다고 해서 되는 것은 아니다. 그에 맞는 적절한 방법을 알아야하고 준비 또한 철저히 해야 한다. 자신의 임계점을 넘어 '새로운 나'로 도약하길 원하는 사람들에게 그 방안을 소개하는 이 책을 꼭 권하고 싶다.

서영훈 | 전 대한적십자사 총재, (사)신사회공동선운동연합 이사장

물은 100도에서 끓는다. 99도에서는 끓지 않는다. 이렇게 물질의 형태와 성질이 변화하는 포인트를 임계점이라 한다. 저자는 이 책에서 열심히 하기는 했지만 정작 원하는 만큼의 성과가 나지 않는다고 느끼는 사람들에게 당신은 현재 99도의 삶일 뿐이라고 이야기한다. 임계점을 넘어, 100도를 넘어, 한 번의 형질 변화를 경험하고 새로운 나로 다시 태어나라고 조언한다. 1만 시간의 노력을 다할 때 비로소 우리의 뇌는 최적의 상태가 된다. 어린 시절의 천재성이 어른이 된 후의 성공을 보장하지는 않는다. 우리 주변의 성공했다는 사람들의 면면을 둘러봐도 똑똑하고 영리한 사람이 정상에 오르는 게 아니다. 성공은 무서운 집중력과 반복적 학습의 산물이다. 본문에서 소개하는 "꿈꾸지 않고 지루한 하루하루를 반복한 게 지금의 나를 만든 것 같다."는 말은 이 시대를 살아가는 우리들에게 진리이자, 금언이다.

김주성 | CJ 엔터테인먼트, CJ 미디어 대표

보이지 않는 자신의 한계에 가로막혀 고민하는 이들과 조직원들의 능력향상을 기대하는 경영자를 위한 책. 자신의 한계 – 임계점을 넘어서 잠재력을 끌어내기 위해서는 많은 노력이 필요하다. 말콤 글래드웰은 어떤 일에든 최소한 10,000시간을 채워야 어느 경지에 도달할 수 있다고 말한다. 이루고 싶은 일이 있다면, 그 일에 필요한 시간과 물질의 임계점이 어딘지를 자신의 능력과 대비해 설정하고 철저한 준비와 실행을 하여야 한다. 자신의 임계점을 넘어

서 새로운 나로 도약하길 바라는 사람들과 조직원들의 능력 향상을 기대하는 경영자들에게 이 책을 꼭 권하고 싶다. 수많은 강연을 해온 저자가 자신의 경험과 사례를 김학재 이야기로 재미있게 녹여내 읽기는 쉽지만 가볍지 않은 내용들이 이 책에 모두 담겨있다.

이상희 │ 보령 메디앙스 대표

철들기 시작할 무렵 나는 "모든 가치 있는 것은 노력의 산물이다. 노력을 통하지 않은 것은 설령 빛난다 하더라도 가치 있는 것이 아니다."라고 생각했다. 그 뒤 무성무물無誠無物, 즉 "정성이 담겨있지 않으면, 정성을 쏟지 않으면, 가치 있는 어떤 것도 이루어지지 않는다."는 것을 생활의 지침으로 삼기도 했다.

김학재 교수가 쓴『임계점을 넘어라』는 이러한 나의 생각에 정확히 부합하는 책이다. 본문에 있는 것처럼 "세상엔 설탕으로 코팅된 단어들이 너무나 난무"하기에, "그냥 되는 일은 없다. '절제', '인내'와 같은 진리로 인도하는 단어들이 '빨리빨리'로 대변되는 현 시대에 복귀하여야 한다."는 주장이 다시 울려 퍼져야 한다.

지금부터 10년 전인 1999년에 나는 김학재 교수를 비롯한 몇 분과 함께 세종리더십개발원을 설립했다. 이후 10년 동안 서로가 몸담은 곳은 달랐지만, 꾸준히 리더십에 대해 연구하고 그것을 생활 현장에 적용하며 대화를 나누어왔다. 이.책은 김학재 교수가 지난 10년간 리더십에 대해, 이 시대와 사회에서 제대로 된 삶에 대해 몰입, 즉 하루 10시간씩 10년간 노력한 결과물로 생각된다.

인생경험을 통해 나는 '임계점을 넘어야 운명이 바뀐다.' '재才가 아닌 둔鈍', '세상은 스스로 일어나 어느 정도까지는 제 힘으로 걷는 것을 증명해야 한다.'는 말들을 가슴으로 느낀다. '코리아의 운명'에 대해 연구하고, 그것을『코리아 다시 생존의 기로에 서다』라는 책으로 펴낼 때, 그리고 지난 삶 전체를 통해 김학재 교수가 이야기하는 많은 내용들이 진실임을 증거할 수 있었다.

이 책은 모든 사람들이 읽을 수 있고 또 읽어야 할 책이다. 당장 내 스스로가 이 책을 나의 가족들과 친구 및 직장 동료들, 그리고 나의 리더십 강의를 듣는 학생에게 읽기를 권하고 싶다. 삶을 향상시키고자 하는 사람은 신의 섭리, 자연의 섭리를 알아야 한다. 이 책은 그 섭리에 대한 통찰과 적용방법을 우리에게 제공하고 있다.

배기찬 │ 세종리더십개발원 설립, 청와대 비서관 역임

요즘 시중에는 스마트폰이 열풍이다. 컴퓨터 기술을 익히지 못한 세대가 세상에서 도태된 것처럼 스마트폰은 또 다른 문명 지진아를 구분하는 변곡점이 될 모양이다. 한편, 세상을 가장 잘 따라잡고 있는 사람들이 모여 근무하는 강남의 무역센터 건물 한쪽에서는 한문 고전 강좌가 성황을 이루고 있다는 소식도 들린다. 첨단과학 분야의 논문이 아인슈타인을 인용하지는 않지만, 인문학에서는 여전히 공자와 맹자, 소크라테스와 플라톤을 논한다. '나는 누구인가?', '어떻게 살아야 하는가?'라는 질문은 여전히 우리의 삶에 유효하며, 이에 대한 답은 이천 년 전과 비교해 결코 진보해왔다고 말하기 어렵다. 문명은 발전하지만 정신적인 면은 어쩌면 거꾸로 가고 있는지도 모른다.

사람을 현명하고 합리적이고 이성적인 존재로 전제해 만들어진 이론들이 '행동경제학'과 '신경경제학'의 등장으로 수정되고 있다. 올해는 꼭 금연하자고 신년 벽두부터 결심을 하지만 작심삼일로 그치고, 다이어트를 다짐하고서도 야식의 유혹에 넘어가며, 내일모레 시험인데도 불구하고 허송세월을 하고 있는 인간의 특성을 이제야 간파하고 인정한 것이다.

성인교육 분야에 입문한 이래로 우리의 학교 교육에 대해 항상 생각하게 된다. 왜 학교에서는 정작 우리가 사는데 필요한 가장 중요한 것들은 가르쳐 주지 않았는지에 대한 이야기다. 귀납법·연역법의 단어는 들어본 기억이 있지만, 정작 논리적으로 생각하는 방법론에 대해서는 특별히 훈련을 받아본 적이 없다. 인간은 말하는 것과 생각하는 것의 속도 차이로 남의 말을 잘 듣기가 근본적으로 어려운데, 어찌해서 인간관계에 그리도 중요한 '경청'을 가르쳐 주고 훈련한 적은 없는지! 인생과 조직은 결국 선택의 연속이라고 볼 수 있는데, 어쩌면 그렇게도 '의사결정'의 중요성과 방법론에 대해서는 배운 기억이 없는 것인지!

HRDHuman Resources Development 분야와 리더십 공부는 나에게 종교 이상의 큰 영향을 주었다. 나는 어떤 유형의 사람인지, 나는 어떤 방식으로 판단과 행동을 하는지, 사람들은 어떤 요소에 의해서 변화하고 발전하는지, 변화와 발전의 메커니즘과 프로세스는 어떤 것인지, 갈등의 본질은 무엇이며 해결 방법에는 어떤 것들이 있는지, 신뢰란 우리의 삶과 공동체에 어떤 영향을 미치고 있는지 등에 대해서 이해를 하게 된 것이다. 나에게는 하나하나가 개안開眼의 순간들이었다.

그러나 이렇게 인간의 본질을 연구하고 논하며 전파하는데도 유행과 상업성이 과도하게 개입하고 있다는 것을 깨달은 건 씁쓸한 경험이기도 하다. 언어와 사례는 시대상황을 따라가야겠지만 근본은 시공을 초월하여 본질을 전해주어야 하기 때문이다.

세간에서 가장 입사하고 싶은 기업으로 '구글'을 꼽고 있다. 구글에서 제공하고 있는 근무환경과 대우가 환상적이란 이야기로 시청자와 독자의 시선을 끌어 놓고서는, 정작 직원 간의 치열한 경쟁과 평가 시스템의 스트레스에 대한 이야기는 언급하지 않는다. 발레리나 강수진의 세계적인 성공을 전하면서 그 자리에 오르기까지의 치열한 과정은 슬쩍 비켜가려는 식이다.

점을 보는 사람이 남의 운명을 잘 예언(이런 일은 없다고 확신하지만)한다면 그는 곧 유명해질 것이다. 자기계발과 성공을 이야기하는 사람이 개인과 조직에 기가 막힌 노하우와 지름길을 알려줄 수만 있다면 일약 이 분야의 스타가 되지 않겠는가?

나의 공부란 그런 왕도를 찾아 헤맨 과정이라 할 수 있겠다. 그러한 과정은 뇌, 지능, 마음 등으로 귀결 되었고, '천재와 보통사람의 차이', '초우량 기업의 조건' 등의 질문과 직면하게 되었다. 결론은, 그 모든 것이

피터 드러커의 리더십에 대한 정의에서처럼, '성실', '솔선수범' 등의 평범한 단어들과 결코 유리될 수 없는 개념들 속에 존재 하고 있다는 것을 재발견했을 뿐이다.

이 책은 이 분야의 글을 꾸준히 접한 사람들에게는 익숙한 내용일 수 있지만, 나의 언어로 쓰여진 나의 깨달음의 내용이다. 시류에 편승하기 위한 달콤한 말들은 배제하고 원리를 담담하게 전하고자 노력했다.

고령화가 급속히 진행 중이다. 반대로 조직의 수명은 짧아지고 있다. 길어진 인생을 어떻게 지혜롭게 살아내야 하는지가 우리에게 심각한 문제로 다가오고 있다. 나이가 들면서 마음은 위축되고 자신을 쉽게 잃는 상황에 직면하게 된다. 이러한 상황을 돌파하는 것은 작은 승리를 통해서다. 습관이 운명을 바꾼다고 하는데, 반복적인 행동이 습관으로 자리 잡는 데는 66일이 걸린다고 한다. 약 두 달을 어딘가에 몰입할 수 있다면 우리의 운명도 바뀌기 시작하는 것이다. 이것만큼은 철저히 본인의 몫이다. 이것이 최초의 임계점이며, 간절히 얻고자 하는 것이 있다면 이 지점을 넘어야 한다. 전쟁과 굶주림을 비껴 살아온 세대는 그것만으로도 인류 역사상 드문 행운의 시기에 살고 있다고 해야 할 것이다. 대신 급속한 변화 속에 자기계발이라는 짐이 부과 되었지만, 이는 기쁘게 받아들일 일이다. 배우고 때로 익히는 것은 기쁜 일이라고 공자께서도 말씀하시지 않았던가! 오래 살고 싶은 것은 인류의 숙원이었건만 그것을 얻은 지금, 사람들은 기뻐하기보다 걱정과 우려를 하고 있다. 본능적으로 긴 인생을 행복하게 살기가 만만치 않을 것이라 직감하는 것이다. 임계점을 넘기 위해서는 반드시 '몸'을 써야 하고 '반복'이라는 과정을 거쳐야 한다. 이는 종교인들의 보편적인 행동양식이기도 하다. 그렇다고 임계점을 넘는 것이 고행을 해야 한다고 말하는 것은 아니다. 이 모든 이야기의 끝은 우리가 행복하기 위함이다. 블로그에서 먼저 이 글을 접한 분들이 마음의 평안과 자신감을 얻었다는 댓글을 남겨 주셨다. 한 분이라도 더 행복해진다면 충분히 목적을 달성한 것이라 생각한다.

끝으로 이 책이 나오기까지 도움을 준 분들께 인사를 드려야겠다. 사회적 선배이자 스승으로서 기꺼이 추천사로 격려를 해 주신 서영훈 전 적십자 총재님, 김주성 CJ 미디어 대표님, 이상희 보령메디앙스 대표님, 배기찬 전 청와대 비서관, 기꺼이 출판을 허락해 주신 (주)글로벌콘텐츠출판그룹의 홍정표 대표님과 출간 과정에서 여러모로 힘써주신 출판사의 직원들, 늘 자식 걱정을 하시는 어머님, 사랑하는 아내와 두 딸 성민이, 성진이. "감사합니다."

아버님이 빠졌다. 세상에서 나를 가장 사랑해 준 분은 아버님이셨다. 아버님은 나의 친구이며 인생의 도반道伴이셨다. 직장인이 되고 결혼을 하여 나도 두 아이의 아비가 돼 아버님과 술잔을 기울이며 인생을 논할 무렵 나는 유학을 결심했고, 유학중 아버님은 불의의 사고로 돌아가셨다. 임종을 지키지 못한 불효자가 된 것이다. 살아 계실 때 내가 이 책을 썼다면 아버님은 만천하에 이를 자랑하시고 다니며 기뻐하셨을 것이다. 그리하셨을 아버님 모습이 너무도 그립다.

　아버님 영전에 이 책을 바친다.

2010년 2월
일산에서 김학재

리더십 너머
새로운 깨달음

사회생활의 대부분을 '리더십'이라는 주제로 공부하고 생각하고 강의를 했다. 리더십의 작은 개념은 지기개발, 큰 개념으로는 사기를 포함한 대상에 대한 변화와 영향력에 대한 연구라고 할 수 있다. 내가 생각하고 있는 리더십에 대한 정의다.

어느 순간 리더십에 대한 한계를 느끼기 시작했다. 그 한계란 리더십의 정의와 기준, 혹은 이론이 계속하여 바뀐다는 것이다. 세상에 변화하지 않는 것은 없으니 이 또한 너무도 당연한 것이긴 하다. 그렇지만 공허했다. 종교로 말하면 하느님과 부처님의 말씀이 계속해서 바뀌고 천국으로 가는 방법이 달라지고 있는 격이었다. 사실 종교의 역사 또한 그러하긴 했지만.

뭔가 절대적인 것이 필요했다. 시대와 상황을 떠나 나를 굳건히 받쳐 줄 무엇인가를 찾게 되었다. 위에서 리더십을 종교에 비유했지만 나에게는 준 종교와도 같은 역할을 해왔다. 힘들 때 의지처가 돼 주었고, 좌절할 때 용기를 주었고, 도전이 필요할 때 자신감을 주는 원천이었다. 사실 종교와 리더십은 오랜 세월 상호 영향을 주고받기도 했다.

깨달음의 속성이 그러하듯 어느 날 우연히, 나의 의지와는 관계없이 찾아왔다. 처음으로 깨달았던 내용은 "아! 생각은 하는 것이 아니고 나는 것이구나!"하는 것이었다. 몸으로 느껴지는 생생함으로. 이것이 명상과 불교의 선에서 우리 생각의 속성을 이야기 할 때 자주 드는 예라는 것을 나중에 알게 되었다. 너무도 명백하게 이것을 느끼게 되면서 그동안 공부했던 모든 것이 일순간에 무너졌다. 의지를 중요시 했고, 생각하도록 독려했고, 노력을 강조했던 것이 결코 전부가 아니라는 걸 알게 된 것이다. '의지와 관계없이 생각이 난다'라는 개념은 벤저민 리버모어Benjamin Libet 의 실험에서 증명이 되기도 했다. 실험 참가자들이 손가락을 움직이기 전에 그들 뇌파에서 움직임 신호가 발생한다는 것을 발견한 것인데, 이는 당사자보다 실험 관찰자가 먼저 어떤 행동을 할지 안다는 사실이었다. 또 다른 실험에서는 마음이 의지와 별개로 작동한다는 것을 보여주기도 했다. 참가자들에게 두 가지 사항 중 하나를 선택하도록 지시했는데, 이때

참가자들의 뇌파와 신경활동은 그들이 선택을 하기 전에 이미 특정한 방향성을 띠고 있었다. 대부분의 행동이 무의식과 선행 행위의 영향력에 의해 결정된다고 보는 견해다.

이렇게 시작되어 들어선 깨달음의 세계는 그동안 공부했던 내용과는 상반된 것이 많았고, 일반 상식에 반한 것도 많았다. 특히 세상사 성공의 원리와는 거리가 먼 듯이 보였다. 불교의 반야심경에는 '전도몽상顚倒夢想'이라는 말이 나오는데 이것은 '모든 사물을 바르게 보지 못하고 거꾸로 보는 것'이라는 뜻이다. 깨달음의 세계에서 볼 때 우리가 생각하고 보는 방식은 모두가 거꾸로 보고 있다는 표현이다. 그만큼 깨달음의 세계는 모든 것을 뒤집어 놓는 충격으로 다가왔다.

생각을 뒤집는 깨달음

깨달음의 세계로 들어온 후, 처음으로 만난 사람이 에크하르트 톨레다. 세계 3대 영적 지도자의 한사람으로 불리는 분이다. 물론 책을 통해서다. 이 분의 에피소드를 하나 소개할까 한다. 톨레가 전철을 타고 학교에 가는 중이었다. 전철 안은 많은 사람으로 붐비고 있었고, 비어 있는 자리가 하나 있었지만 누구도 거기에 앉으려 하지 않았다. 궁금해서 그곳을 보니, 한 여자가 끊임없이 중얼거리고 앉아 있었다. 소위 말하는 미친 여자가 앉아 있어 누구도 그 옆에 앉으려 하지 않았던 것이다. 물론 톨레도

서서 그 광경을 바라만 보았을 뿐이다. 학교 앞 정류장에 도착하여 톨레가 내리려는데, 아까 보았던 그 미친 여자가 앞에 걷고 있었다. "아니, 저런 미친 여자가 이 학교를 다니는 학생이란 말이야?"라는 생각을 하면서 가고 있는데, 그 여자가 교수실로 들어가는 것을 보게 된다. "아니, 학생도 아니고 교수였단 말이야?" 톨레는 혼란스러워졌고, 이러한 광경이 종일 머릿속을 계속 맴돌았다. 세면대에서 세수를 하는 동안에도 이 광경이 너무도 강렬하게 떠올라, 자기도 모르게 "아휴~ 나는 정말 저러지 말아야지."하는 혼잣말을 하게 되고, 옆에 있던 사람이 그 광경을 보면서 이상한 사람이라는 표정으로 쳐다본다. "이건 뭐지? 지금 한 행동이 아침에 만난 미친 여자와 다를 게 무엇이란 말인가!"

내가 앞에서 '생각은 하는 것이 아니라 나는 것이다'라고 했듯이 톨레 또한 저절로 난 생각에 의한 행동을 자기도 모르게 하고 있었던 것이다. 우리의 머릿속은 이렇게 늘 나의 의지와 관계없이 원숭이처럼 날뛰는 생각들로 가득 차 있다. 다만 그 생각과의 끊임없는 대화를 소리 내어 말하지 않을 뿐이다. 정상인이라고 하여 우리가 미친 사람으로 취급하는 사람들과 근본적으로 다르지는 않은 것이다.

이렇게 저절로 떠오른 생각은 대부분 과거와 미래에 관한 것들이다. 과거에 대한 생각은 많은 부분 후회와 반성의 감정을 수반하고, 미래에 대한 생각은 또한 많은 부분 걱정과 불안이 함께 한다. 아이러니는 여기에 있다. 단 한 순간도 과거나 미래로 갈 수 없는 운명인데, 우리는 늘 과거와 미래에 살고 있다. 나는 언제나 '지금' 그리고 '여기'에만 있는데 생각은 대부분 과거와 미래에 가 있는 것이다. 이러한 이중생활을 청산해야 한다.

Not NEXT But NOW

우리는 대체로 '지금' '여기'에 있는 것들을 소홀히 하고 무시하며 하찮게 생각하기도 한다. 내가 가진 것은 늘 별 것 아니고, 내 옆에 있는 사람들은 그리 대단한 사람들이 아니고, 나의 삶은 보잘 것 없다고 여긴다. 일찍이 다산 선생도 「어사재기」에서 인간은 자신이 가진 '이것斯'에 만족하지 못하고, '저것彼'을 원하는 병통에 빠져 있다는 것을 지적한 바 있다.

반대로 깨달음의 세계란 '지금 여기는 늘 문제가 없고, 모든 것은 이미 완성이 되어있고, 완전하다'는 사실을 알게 되는 것이다. 이 차이가 깨달음의 세계를 설명하기 어려운 부분이다. '현재는 문제가 없고, 이미 완성이 되어 있고, 완전하다'는 말이 우리의 상식과 행동에 반하는 대목인데, 여기부터 생각의 영역이라기보다는 체험의 영역인 까닭이다.

생각이 미래에 가 있는 병폐를 하나 소개할까 한다. 오랫동안 신임사무관 교육을 했을 때의 이야기다. 신임사무관으로 임명이 되면 공무원 교육원에 들어와 약 6개월간 교육을 받는다. 이렇게 입소하여 교육을 받는 기회는 9급이나 7급으로 들어온 공무원들에게 늘 꿈꿔 오던 순간이라 할 수 있다. 사무관으로의 승진이 이루어진 것이고, 현업의 스트레스를 떠나 교육을 받으며 자기 충전을 할 수 있는 시간이기 때문이다.

교육을 할 때마다 많이 듣는 요구사항은 "조금 일찍 끝내 달라"는 요청이다. 현업에 있을 때는 교육 받는 기회를 꿈꾸지만 막상 받으러 와서는 일찍 끝내주기를 바란다. 꿈에 그리던 어떤 순간이 막상 오면, 그것을 즐기고 거기에 몰입하는 것이 아니라 다른 것을 원한다. 특히 점심시간 전의 수업에는 점심을 일찍 먹을 수 있도록 조금 일찍 끝내 달라는 요청이 더욱 강해진다. 장기간 교육을 받는 동안 하루 중 즐거운 때는 분명 식사를 하는 시간일 것이다. 막상 점심시간이 되어 식사를 하게 되면 그렇게 기다리던 시간이건만, 가능한 빠른 속도로 식사를 마치고 밖으로 삼삼오오 몰려 나간다. 담배를 피기도 하고, 같이 차를 한 잔 하기도 하고. 식사를 하는 동안은 그것을 즐기는 것이 아니라 '다음'으로 생각이 이미 가 있는 것이다. 그렇다고 담배피고 차 한잔 마시는 것을 음미하고 여기에서 진정한 휴식을 취하는 것도 아니다. 오후에 있을 수업에 대한 걱정이나 성가심으로 머리를 피곤하게 만들고 그 행위를 한다.

언젠가 이러한 인간의 행태를 그린 외국의 삽화를 본 적이 있다. 한 회사원이 회사에서 일하는 모습이 나온다. 회사에서 일을 하고 있지만 머릿속은 온통 파아란 그린에서 골프를 하는 광경으로 채워져 있다. 마음은 일하는 장소가 아닌 골프장으로 가 있는 것이다. 드디어 기다리던 주말이 오고 골프장에 왔다. 하지만 골프를 하는 동안 그 시간에 푹 빠져 있거나 즐기는 것이 아니라, 머릿속은 계속해서 골프가 끝난 후 여자친구와 데이트 하는 장면과 상상으로 채워져 있다. 또다시 기다리고 기다리던 여자친구와의 데이트 시간이다. 그렇지만 이때 이 회사원의 머릿속은 내일 출근해야 할 회사와 해야 할 일들로 또다시 채워진다는 이야기였다.

앞에서 우리의 생각이 주로 '과거'와 '미래'에 가 있다고 했지만, 미래라는 제법 거창한 단어를 사용하기 전에 '다음(Next)'으로 가 있다는 표현이 더욱 실감날 것 같다. 우리는 대부분의 생각이 다음으로 가 있기 때문에 현재에 몰입하거나 지금을 즐기지 못한다.

퇴근 후 친구를 만나 소주를 한 잔 할 계획이 있다면, 퇴근 얼마 전부터 생각은 친구를 만나 술 한 잔 하는 곳으로 이미 가 있을 것이다. 기다리던 친구와의 만남에서는 술자리를 마치고 집으로 돌아가는 것으로 생각은 다시 교체되고 채워질 것이다. 집으로 돌아가서는 어떤가! 내일 회사에 출근하고 해야 할 일들로 다시 채워지지 않는가!

생각이 '다음(Next)'으로 가 있게 되면, 현재는 늘 장애물, 방해 요소가 된다. 장애물이란 무엇인가! 치우고 해결해야 할 일이다. 해결하고 해치우고 처리해야 할 일이라는 것이 즐거울 턱이 있는가. 기다리던 만찬, 기다리던 술자리, 기다리던 데이트마저도 다음을 위해 빨리 끝마치고 해치워야 할 일로 정의되고 감정마저 일과 부담으로 느끼게 된다.

차를 몰고 혹은 버스를 타고 서울에서 부산으로 여행을 가는 경우를 생각해 보자. 얼마나 기다렸던 여행의 순간인가! 그렇지만 우리의 생각은 여지없이 다음을 향한다. 생각이 '다음(Next)'으로 가는 순간 조급한 마음으로 시간과 거리를 체크 하게 되고, 여행은 빨리 끝내고 처리해야 하는 장애물이 된다. 즐거울 여행이 지루하고 힘든 과정으로 변하는 것이다. '다음(Next)'으로 가 있는 생각이 현재로 돌아와야만 우리는 풍경을 감상할 수 있고 음악을 즐길 수 있게 된다.

'다음'으로 가 있는 생각은 이렇게 우리 삶의 질을 떨어뜨리고 행복과 즐거움을 빼앗아 간다. 우리는 현재 여기 살고 있다. 생각 또한 늘 지금 여기에 머물도록 해야 하는 이유다. 에크하르트 톨레가 깨닫고 통찰한 것 또한 이와 다르지 않다. 그가 쓴 책이 『The Power of Now』이다. '지금'에 대한 중요성을 설파한 것이다. 아마존에서 스테디셀러로 자리 잡아 지금도 세계인에게 읽히고 있고, 독실한 크리스천인 '오프라 윈프리'가 톨레를 초청하여 수십 시간의 인터뷰를 하게 했던 그런 화제의 책이다.

생각하기에 따라서는 평범해 보이기도 하는 이런 깨달음이 어째서 21세기 광명한 세계에 퍼지고 유행하게 되었을까? 나는 그 역할을 유튜브가 했다고 생각하고 있다. 호모 사피엔스가 이 땅에 자리 잡은 이후 삶과 죽음의 문제는 모든 사람에게 있었을 것이다. 세상의 종교는 그러한 이유로 탄생되었고 철학이라는 학문도 여기에 근원을 두고 있다. 종교인과 수도자 사상가들이 나왔고 이들은 삶과 죽음의 문제에 대해 시대마다의 해답을 제시하는 역할을 했다. 일반인은 감히 그런 문제에 해답을 내 놓을 수 있는 위치에 있지 않았다. 최근까지도 신과 죽음, 깨달음의 문제는 종교와 성직자의 영역이었다. 종교적 권위나 학문적 위상을 갖고 있지 않은 일반인이 감히 이러한 문제에 해답을 내놓고 영향력을 발휘한다는 것은 있을 수 없는 일이었다. 그런데 유튜브가 그 역할을 해 낸 것이다.

하버드의 하워드 가드너 교수는 다중지능 이론을 세상에 내놓은 분이다. 다중지능에는 언어지능, 논리수학지능, 공간지능 ,음악지능, 신체운동지능, 자연관찰지능, 대인관계지능, 자기성찰지능 등 8가지 영역의 지능유형이 있다는 것이다. 이는 기존 IQ검사의 문제점을 지적한 것이기도 하다. 종교의 영역도 마찬가지라고 본다. 이 분야에 분명히 뛰어난 자질이 있는 사람들이 있을 것이고 이러한 사람이 꼭 종교인이나 성직자여만 할 이유는 없다. 이들은 송곳처럼 주머니를 뚫고 나오는 재능을 조직이나 권위를 등에 없지 않고 유튜브라는 새로운 소통 수단을 통해 세상에 알리게 된다.

생각은 '하는' 것이 아니라 '나는' 것

깨달음의 영역 또한 스스로 깨달았다고 주장하면 되는 검증 불가한 영역이 아니다. 이들이 깨달은 세계를 말하게 되면 이 방면의 경험자들에 의해 크로스로 체크된다. 다양한 검증의 과정을 통해 누군가가 깨달은 자로 인정이 되고 이들의 이야기가 주목을 받게 되는 구조다. 깨달음의 세계는 참으로 명확하고 심플하다. 종교마다 다양한 분파와 이론이 있고 심지어 이단도 있지만, 깨달음의 세계는 그렇지 않다. 깨달은 사람끼리 인간의 언어로는 표현하기 어려운 '그것(진리 혹은 생명의 자리)'을 짚을 수 있느냐 마느냐로 증명이 된다.

『사피엔스』, 『호모데우스』로 세계적인 베스트셀러의 저자가 된 유발 하라리가 『21세기를 위한 21가지 제언』에서 자기가 하루 중 가장 공들여 할애하고 있는 시간 또한 이 깨달음의 세계에 머무는 일이라는 것을 밝힌 바가 있다. 내가 리더십의 한계를 느낀 이후 깨달음의 세계에 빠져든 것처럼 유발 하라리도 다음과 같은 이야기를 한다.

"대학에 들어가서 공부를 시작했을 때, 나는 이곳이야말로 그 답을 찾을 수 있는 이상적인 장소일 거라고 생각했다. 하지만 실망스러웠다. 학문 세계는 내게 지금까지 인간이 만든 모든 신화를 해체하는 도구들은 제공했지만, 인생의 큰 질문에 대한 만족스러운 답을 주지는 않았다. 오히려 반대로 점점 더 좋은 질문에 초점을 맞추라고 권장했다. 결국 나는 옥스퍼드 대학교에서 중세 병사들의 자전적 기록을 주제로 박사학위 논문을 썼다. 부수적인 취미로 수많은 철학책을 읽고 숱한 철학적 토론을 벌였다. 하지만 그런 활동은 끝없는 지적 즐거움을 주었을지언정 진정한 통찰은 거의 주지 않았다. 답답했다.”

'생각은 하는 것이 아니라, 나는 것이다'라는 나의 최초의 깨달음과 이후 추구하게 되는 과정에서 많은 사람에게 오해로 받아들여지는 경험을 하고 있다. 사실 이러한 말을 하기가 조심스럽다. 이런 이야기를 하게 되면 “그렇다면 아무런 행동도 생각도 하지 않아도 됩니까?”라는 질문을 거의 반사적으로 받게 되기 때문이다. '아무런 행동도 생각도 하지 않는다'라는 말 자체가 상당한 의지를 들여서 무언가를 한다는 행위가 되므로 바로 모순이 되는 것인데, 이를 설명하기가 참으로 어렵다. 그리하여 깨달음의 세계를 경험하게 되면 모든 것을 오히려 효율적으로 더 생산성 있게 할 수 있다는 말을 이해시키기는 거의 불가능 하다고 느끼고 있다. 소위 말하는 가방끈이 긴 사람들조차 이 부분부터는 이해하지 못하거나 거부 반응을 보이기 때문에 나 또한 정도 이상의 설명을 하려고 하지 않는다.

우리의 생각이 '다음(Next)'으로 가 있는 부작용과 과도한 생각의 폐해 정도까지만 얘기하는 것이 깨달음의 세계를 묘사하는 경계선인 것 같다. 깨달음 분야에서 나의 권위가 없는 이유로, 세계적인 명성을 가진 유발 하라리를 끌어들여 깨달음의 세상에 관해 조금만 더 언급하고자 한다. 다음은 유발 하라리의 경험이다.

"내가 숨 쉬는 것을 관찰하면서 처음 알게 된 것은, 그전까지 내가 읽었던 모든 책과 대학 시절 참석했던 모든 수업에도 불구하고, 나는 내 정신에 관해서는 거의 아무것도 몰랐으며 그것을 통제할 능력도 거의 없었다는 사실이었다. 최선을 다해 노력했음에도 내 숨이 콧속을 드나드는 것의 실체를 관찰하다 보면 10초도 지나지 않아 정신은 흩어져서 방황했다. 수년 동안 나는 내 인생의 주인이며 나라는 개인 브랜드의 CEO라는 인상 속에서 살았다. 하지만 몇 시간 명상만으로도 나는 나 자신에 대한 통제력을 거의 갖고 있지 않다는 사실을 깨닫기에 충분했다. 나는 CEO가 아니었다. 고작 문지기 정도에 불과했다. 나는 내 몸의 출입구 -코 끝-에 서서 들고 나는 것을 관찰해보라는 요청을 받았다. 하지만 나는 곧 초점을 잃고 내 자리를 포기했다. 그것은 눈이 번뜩 뜨이는 체험이었다."

내가 처음 깨달았다는 '생각은 하는 것이 아니라 나는 것이다'라는 내용과 자유의지에 대해 언급한 내용을 간접 증명하는 마음으로 인용해 보았다. 구글에서 직원들에게 정기적으로 학습 시키는 것도 결국은 같은 내용(Mindfulness)이다. 구글 직원 1,000명 이상이 사내 명상 프로그램을 수강했으며 이를 듣기 위해 대기 명단에 이름을 올리는 직원도 많다고 한다. 세계 최고 기업의 명성을 지켜가기 위해 직원들이 느끼는 중압감과 스트레스를 관리해 주는 이 프로그램이 인기라고 한다. 어쩌면 생각을 가장 골똘히 해야 할 회사가 생각을 멈추는 훈련을 받고 있다는 것이 언뜻 듣기에는 모순처럼 들릴지도 모르겠다.

우리는 너무 많이 생각하고 있고, 사실 생각으로 무너지고 죽어간다. 한때 쓰고 싶던 책의 제목을 '침묵의 살인자, 생각'으로 하려던 이유다. '생각한다. 고로 존재한다'는 데카르트의 명제와는 상반된 얘기다(일상에서 우리가 인용하는 수준의 정의 기준으로). 우리는 생각의 중요성을 강조한 교육을 받아왔다. 생각은 세상의 건물을 세우고 비행기와 우주선을 발명하고 생산량이 많은 작물을 개발하여 우리의 삶을 풍요롭게 만드는 수단으로 인류에게 무한히 기여해 왔다. 생각은 이렇게 수단이 되어야 하는 것이지 과거를 후회하고 미래를 걱정하는 공상과 망상의 근원이 되어서는 안 된다. 대부분의 사람들이 하는 생각의 80~90%는 반복적이고 부질없는 잡념에 불과하다. 그러므로 대부분의 생각은 해롭고, 꼬리를 물고 이어지는 생각들은 하나의 중독 현상과도 같다.

　이명박 대통령은 개인적인 축재의 문제로 수감되었다. 만약 감옥에 있으면서도 '다스'를 빼앗기지 않음에 기쁨을 누리고 있다면 거기는 감옥이 아닌 것이며, 집에 있으면서도 '다스'를 빼앗기게 되어 괴로운 심정으로 살고 있다면 거기는 편안한 집이 아닌 것이다. 이처럼 인간은 처해 있는 환경에 구애 없이 생각과 개념의 세계에 살고 있음을 알 수 있다. 국가라든가, 회사라든가, 가족이라는 매우 구체적인 단어조차 그 실체를 규명하자면 손에 잡히지 않고 경계를 설정하기 어려운 개념의 세계. 머릿속에 그려지는 개념의 세계에서 우리는 울고 웃고 활력을 얻기도 좌절하기도 한다. 우주에서 바라보는 인간은 대부분이 앉았다 일어났다, 걸어가다가 누웠다가 무언가를 먹는 행위를 반복할 뿐이다. 누가 더 행복하고 불행하다고 말하기 어려운 동일한 행동을 하면서 살아가는 동물일 뿐이다. 그렇지만 우리는 어떤 생각으로 살고 싶고 또 죽고 싶어 한다. 생각을 반만 줄여도 우리는 배로 행복해진다. 대부분이 쓸데없는 과거와 미래에 대한 망상이기 때문이다.

　어떤 큰 고민도 온종일 머무는 것은 아니다. 사랑하는 사람이 죽어 상심하고 있는 와중에도 누군가 부르는 순간 잠시 잊게 되고, 잠든 사이에는 없었던 일이 된다. 또 다른 시급한 일이 생기면 이 생각을 밀어내고 그 자리를 대신 차지한다. 생각의 속성이 이러함을 알게 되면 생각에 이끌려 하얗게 밤을 밝히는 일은 없어진다. 욱하여 자살하게 되는 시간도 10여 분 안에 이루어지는 일이라고 하는데, 죽고 싶은 마음도 잠시 지나면 사라지는 것이 바로 생각의 속성이다.

성경에도 "내일 일을 걱정하지 말라. 내일의 걱정은 내일에 맡기라.", "들에 피는 백합화가 어떻게 자라는가를 생각해 보라. 수고도 아니하고 길쌈도 아니하느니라. 그러나 솔로몬의 모든 영광도 이 꽃 하나만 같지 못하였느니라. 오늘 있다가 내일 아궁이에 던져지는 들풀도 하느님이 이렇게 입히시거늘 하물며 너희는 어떠하겠느냐."라는 구절이 있다. 이 역시 상식으로는 온전히 이해하기 어려운 부분이 있다. 너무 걱정을 앞세우지 말라는 평범한 해석도 가능하지만 역시 깨달아야 이해할 수 있는 내용이다.

결국, 다시, 임계점을 넘어라

세상에서 무언가를 이루기 위해서는 뒤에서 언급할 '임계점을 넘어야' 하는 노력이 수반되어야 한다. '임계점을 넘는 노력'이 목표를 달성해 줄 수 있는 확실한 수단임은 분명하지만 그렇게 이루는 하나하나의 목표들이 궁극적인 내 삶의 행복과 안녕을 보장해 주는 것은 아니다. 세상이란 지금 내가 원하는 것이 이루어졌다고 나중까지 좋은 일이 될지 모르고, 지금 원하는 대로 되지는 않았지만 지나고 나서는 오히려 그것이 잘

된 일일 수도 있는 삶의 오묘함이 있기 때문이다. 그래서 모든 종교는 '뜻대로 하소서', '내려놓음', '있는 그대로 받아들이다'는 원리를 상위에 두고 있는 것이다.

그러므로 독자들은 깨달음의 세계와 세상에서 달성하고자 하는 방법론 사이를 지혜롭게 오고 가야 한다. 양쪽을 지혜롭게 다루어야 이 변화무쌍한 세상에 정신적인 균형을 잡으며 견뎌내고 살아갈 수 있다.

그간 리더십학교를 운영하면서 많은 청년을 만났다. 심층 면접을 통해 몸과 마음이 건강하다고 판단되어 뽑았음에도 과정을 진행하는 동안에 정신적으로 방황하고 문제를 일으키는 경우를 보게 된다. 전체 학생의 15% 정도가 밖으로 노출될 정도의 문제를 갖고 있다는 것이 혼자 내린 결론이다. 청년만의 문제겠는가! 사회면을 장식하는 사건 사고들에 등장하는 많은 사람이 그것을 증명하고 있지 않은가! 유발 하라리 또한 21세기를 살아가기 위한 조건으로 '정신적인 균형'을 강조하고 있는 것은 이와 같은 이유가 아닐까 싶다.

마음을 다스리는 일이 중요하다. 셀프리더십이란 말도 많은 부분을 공유하는 개념이다. 리더십에 대한 뭔가 해결되지 않는 갈증을 느끼던 중 깨달음의 세계를 경험하게 되었지만, 결국 둘이 다른 개념은 아니다. 이 기회에 리더십을 공부하면서 책의 앞을 장식한 '마음과 깨달음의 세계'로 지평을 넓힌다면 21세기에 대비하는 훌륭한 리더가 될 수 있을 것이다.

CONTENTS

1부　임계점을 넘어야 운명이 바뀐다

CONTENTS

2부 *임계점을 넘기 위한 기초체력 갖추기*

일류 기업이 과거에 성공을 거두는 데 도움을 주었던 제품,
프로세스, 조직형태가 이제는 파멸의 원인이 되는 경우가 많다.
과거의 성공은 이제 가장 위험한 요소로 작용한다.

– 엘빈 토플러

제1부

임계점을 넘어야
운명이 바뀐다

수처작주
주인으로 살기

수처작주隨處作主는 '가는(처하는) 곳마다 주인이 된다'라는 뜻으로 당나라 때의 선승 임제선사가 한 말이다. 언제 어느 곳에서나 주인이 된다는 말은 무엇인가. 왜 우리는 주인의 마음으로 살아야 하는가. 한자가 나와 경계심이 들었을 청년들을 위해 재미있는 서양의 다큐멘터리 영화를 하나 소개할까 한다.

배경은 1970년대의 남아프리카공화국이다. 당시 남아프리카공화국은 백인이 유색인종을 격리하고 차별하는 아파르트헤이드Apartheid 정책을 시행하고 있었다. 유색인종은 백인과는 별개의 지역에 살았으며, 직업이나 교육 등에서도 차별을 받았다. 이렇게 정치적인 압박과 차별로 시달리던 시절에 알지 못할 경로로 LP판 한 장이 남아프리카공화국으로 흘러들어온다.

로드리게스Rodriguez라는 가수의 앨범이었고, 여기에 있는 노래들은 삽시간에 남아프리카공화국에 퍼져 나간다. 노래 가사는 사회적인 메시지를 담고 있었는데 사랑, 자유, 평등, 평화와 같은 주제를 다루고 있었다. 이 가사들은 남아프리카공화국의 차별 정책에 반대하는 메시지가 되어 그들의 정체성과 신념을 대변하는 아이콘이 되었다.

남아프리카공화국 내에서는 엘비스 프레슬리나 밥 딜런을 능가하는 최고의 국민 가수였지만, 노래의 주인공이 어디에 살고 있는 누구인지 알 수 없었고, 궁금증이 더해갈수록 소문만 무성해졌다. 대표적인 것은 공연 도중 무대에서 자살했다는 얘기였다.

노래가 소개된 지 약 25년이 지난 뒤 어떤 두 사람이 로드리게스를 찾는 여정을 떠난다. 수많은 고난 끝에 디트로이트의 어느 외곽에서 그를 결국 찾아낸다. 남아프리카공화국에서는 최고의 가수였지만 미국에서 그는 일용직의 노동자 신분이었다. 남아프리카공화국에서는 '수퍼스타' 미국에서는 '일용직 노동자', 남아프리카공화국에서는 'Hero' 미국에서는 'Zero'의 대조적인 평가와 삶을 살고 있었던 것이다.

이렇게 찾게 된 로드리게스는 남아프리카공화국의 초청을 받아 공연을 하게 된다. 6회에 이어진 그의 공연은 매회 매진이었고, 그는 훌륭한 퍼포먼스를 보여주었다. 당신에게 이런 극적인 상황이 벌어진다면, 이후 당신에게는 어떠한 마음의 변화가 일어나고 어떤 결정을 하겠는가. '로드리게스 또한 힘든 미국 생활을 청산하고 남아프리카공화국으로 이주하여 슈퍼스타의 삶을 살지 않았겠는가?' 혹은 '공연에서 벌어들인 수익으로 미국에서 좀 더 나은 생활을 하게 되지 않았을까?'라고 많은 사람이 생각했을 것 같다.

그러나 이런 극적인 변화와 행운에도 불구하고 로드리게스의 삶은 변하지 않았다. 공연의 수익금은 노동 운동을 위해 대부분 기부했고 미국으로 돌아와서는 평소대로 일용직의 삶을 살았다. 그는 젊은 시절 노동과 인권 운동에 참여했으며 늘 평등과 인권 문제를 다루는 데 초점을 맞추고 있었는데, 그러한 자신의 정신을 묵묵히 실현하고 있었던 것이다. 그는 스스로가 주인인 삶을 살았고 실천으로 보여주었다. 철학자이자 현인이라고 부를 수밖에 없을 것 같다.

로드리게스를 찾아 나섰던 사람이 처음 음반을 기획했던 사람을 만나는 장면이 나온다. 그 기획자의 말에 의하면 로드리게스의 음악성과 실력은 당시 최고였다고 한다. 그럼에도 불구하고 미국에서 그의 앨범은 단 여섯 장이 팔렸다고 한다. 많은 예술가의 삶이 그렇지만 살아있는 동안에는 인정을 받지 못하고 어렵고 쓸쓸하게 살다 간 경우가 많이 있다.

내가 실력이 있고 인생의 주인으로 진실 되게 살고 있다면, 그것으로 족한 것이다. 세상은 나를 알아줄 수도, 끝까지 몰라 줄 수도 있다. 알아

봐 준다면 좋은 일이지만 그렇지 않다고 해도 자신을 평가절하할 일은 아닌 것이다.

어떤가! 이러한 로드리게스의 삶의 모습이 주인으로 사는 것 같지 않은가? 외부의 조건과 다른 사람의 평가에 좌지우지 되는 삶을 살지 않는 것이 '주인'으로서 사는 것이다. 우리의 목표가 다른 사람에 의해 결정이 되고 성공과 실패 또한 세상의 기준이 잣대가 된다.

이 글을 읽는 당신 또한 사실은 영웅의 삶을 살고 있는 것이다. 남아프리카공화국에서 누군가 찾아오기 전까지 노동자였던 로드리게스의 삶처럼, 당신에게도 아직 당신을 찾는 카메라가 오지 않았을 뿐이다. 어느 날 평범한 당신의 삶을 KBS 〈인생극장〉 팀에서 찾아와 조명한다면, 당신의 어떤 점이 부각되고 순간 수많은 사람이 댓글을 달아 영웅 대접을 해 줄는지 모른다. 우리가 유명세를 쫓기도 하고 부러워 하지만 세상에서 유명해지고 말고는 단지 조명이 나에게 오느냐 아니냐의 문제일 수 있다. 조명이 오지 않았다고 해서 별 볼일 없는 삶을 살고 있는 것은 아니다.

세계적인 농구 선수는 종일 최선을 다해 공을 바스켓에 정확히 던져 넣는 연습을 하고, 골프 선수는 길이가 다른 작대기를 바꿔 가면서 몇 번 만에 구멍 속으로 공을 넣을까 고민한다. 폄하하여 얘기한다면 이런 동작이 인류를 무슨 공헌을 하는가? 아마도 당신이 하는 일이 사회에 더 의미 있고 나아가 인류에 공헌한다고 표현하는 것이 스타 운동선수보다 쉬울

지도 모른다. 남이 인정하느냐, 돈을 얼마나 버느냐는 근본적으로 나를 평가하는 기준이 되지 않는다. 남아프리카공화국으로 돌아가 우리가 상상한 삶으로 전환을 했다면 지금 우리가 얘기하고 있는 로드리게스의 삶과 감동은 없었을 것이다.

앞에 소개한 '수처작주隨處作主'는 뒤에 '입처개진立處皆眞'이라는 말과 함께 있다. '입처개진'은 내가 하는 모든 일에 진실되어야 한다는 말이다. 합하여 쉽게 풀어보면 '처하는 상황마다 주인이 되어, 하는 일마다 진실되게 한다'가 될 것이다.

법륜스님이 출가하기 전이 일이다. 출가는 하지 않았지만 재가신도로서 불교의 개혁 운동을 하고 있었는데, 어느 날 서암 종정 스님을 찾아가 불교계의 폐단과 승려들에 대한 실망을 두어 시간에 걸쳐 토로하신 적이 있다고 한다. 이를 묵묵히 듣고 있던 서암 스님이 "여보게, 어떤 사람이 말이야, 논두렁 밑에 앉아 그 마음을 청정히 하면 그 사람이 중이네. 그곳이 절이야. 이것이 불교라네." 이 말씀을 듣고 굉장한 충격을 받으셨다고 한다. 법륜 스님이 충격을 받았다고 하는 내용은 본인이 '모양과 형식'에 집착하여 살고 있던 모습을 깨닫고 반성과 아울러 처하는 모든 곳에서 주인이 되어 진실되게 실천하는 것이 중요하다는 점을 알게 되었다는 말씀이다. '수처작주, 입처개진'과 같은 내용이다.

불교에만 이런 내용이 있는 것이 아니다. 찬송가 〈내 영혼이 은총 입어〉에는 "내 영혼이 은총 입어 중한 죄짐 벗고 보니 슬픔 많은 이 세상도 천국으로 화하도다. 높은 산이 거친 들이 초막이나 궁궐이나 내 주 예수 모신 곳이 그 어디나 하늘나라"라는 가사가 나온다. 역시 '수처작주, 입처개진'의 뜻이 들어있다. 진리는 이런 것이다.

우리 일상의 삶과 행복은 다른 사람의 평가에 따라 너무도 좌우되고 있다. 이래서는 평생을 흔들릴 뿐이다. 리더십의 최종 목표 중 하나도 스스로 서는 것이다. 깨달음의 목표 중 하나도 홀로 서는 것이다. "무소의 뿔처럼 혼자서 가라."라는 말이 떠오른다.

이건 아닌데… 라는 생각이 들 때

배는 항구에 정박해 있을 때 가장 안전하다. 그렇지만 배는 그러기 위해 만들어진 것이 아니다. 거친 파도와 풍랑을 헤치고 바다로 나아가 고기를 잡거나, 사람과 짐을 날라야 한다. 그것이 배가 만들어진 본래의 목적이다. 사람도 역시 그렇지 않을까? 도전하지 않으면 위험도 없지만, 그것이 이상적인 모습은 아니다. 콜럼버스가 목숨을 건 항해를 한 덕에 아메리카를 발견하게 된 것이고, 라이트 형제가 숱한 부상과 시행착오 속에서도 끊임없이 도전한 결과 우리는 비행기를 얻게 된 것이다.

도전하지 않고, 시도해 보지 않는 삶은 안전할 수는 있지만, 그것은 지평을 축소해 가는 삶이다. 발전을 도모하는 사람이라면, 어떤 방식으로

든 '도전'을 선택하지 않을 수 없는 것이 그 이유다.

　PGA 챔피언십에서 우승을 했던 양용은 선수의 이야기다. 세계 언론들이 "스포츠 사상 최대의 이변"이라 표현할 정도로 큰 성공이었다. 양용은 선수는 열아홉 살이 되어서야 골프를 시작한 늦깎이다. 1996년 프로 테스트에 합격한 후 1999년 탑 10에 들었지만 일 년 동안 벌어들인 상금은 고작 2,000만 원이 되지 않았다. "구두닦이로 전국 9등을 했어도, 이보다는 많이 벌었겠다."라고 말하며 일본 시장으로 뛰어 들었다. 여기에서 4승을 거둔 후, 2006년 유럽 투어에서 HSBC 우승을 거쳐 미국으로 진출하게 된 것이다. 국내에서도 최고의 강자가 아닌데, 어떻게 이런 결정을 하게 되었을까?

　살다보면 누구나 '이건 분명 아니다'라는 생각이 들 때가 있다. 이때 어떤 선택을 하느냐가 운명을 가르곤 한다. 어떤 유형들이 있을까?

　첫 번째 유형은 이러한 생각조차 하지 않는 경우다. 현재의 상황이 그냥 세상의 전부려니 하는 것이다. 두 번째는 '이건 분명 아니다'라는 생각은 들지만, 감히 변화를 시도할 엄두를 내지 못하는 경우다. 물론 금방 떠오르는 대안도 없다. 세 번째의 경우는 '이건 분명 아니기 때문'에 대안이 있고 없고를 떠나, 이 상황과 결별하는 것이다. 여기에서 새로운 역사가 펼쳐진다.

　양용은 선수가 대안이 있어서 일본행을 선택한 것은 아니었다. 국내보다 더 경쟁이 심한 일본에서 갑자기 더 좋은 성적을 올리리라고 기대할 수도 없었을 것이다. 그렇지만 어쨌든 현재의 상황을 '이건 분명 아니다'라고 판단한 것이다.

1988년 영국의 스코틀랜드 북해 유전에 있는 석유 시추선에서 불이 났다. 이때 168명이 사망했는데, 여기서 살아남은 앤디 모칸의 이야기다. 그가 한참 잠이 들어 있었을 때의 일이다. 그는 잠결에 들리는 엄청난 폭발음 소리에 본능적으로 밖으로 뛰쳐나갔다. 그의 눈앞에는 거대한 불기둥이 곳곳에서 요란한 소리와 함께 치솟고 있었다. 아무리 주위를 둘러봐도 피할 곳이라고는 없었다.

순간 그는 배의 난간을 향해 전력을 다해 뛰었다. 하지만 바다 역시 새어 나온 기름으로 불바다를 이루고 있었다. 그가 바다로 뛰어내린다 하더라도 길어야 30분 정도 여유가 있을 뿐이었다. 그 짧은 시간 안에 구조되지 않는다면 살기를 포기해야 할 것으로 판단되었다. 더욱이 배의 갑판에서 수면까지는 거의 50미터 높이였다. 모든 것이 불확실했다. 그리고 무엇보다도 그는 두려웠다. 머뭇거림도 잠시, 그는 불꽃이 일렁이는 차가운 북해의 파도 속으로 몸을 던졌다.

무엇이 앤디 모칸을 바다 속으로 뛰어들게 만들었을까? 그가 운이 좋았던 것일까? 배에 남아 있다가 목숨을 잃은 168명은 왜 바다로 뛰어들지 않았을까? 168명 모두가 용기가 없었거나 운이 나빴던 것일까?

앤디 모칸은 삶과 죽음을 가르는 그 순간, 불타는 갑판Burning Platform
에 그대로 남아 있는 것은 곧 죽음을 기다리고 있는 것과 같다는 것을 깨
달았다. 그는 바다로 뛰어들었다. 그것은 선택이었다. '확실한 죽음
Certain Death'으로부터 '죽을지도 모르는Possible Death 가능한 삶'으로의 선
택이었다. (『익숙한 것과의 결별』, 을유문화사)

'이건 분명 아니다'라는 생각으로, 현재와 단절하는 것은 '확실한 죽
음'에서 '죽을지도 모르는' 삶으로의 선택과 같다. 도전하지 않는 사람들
은 오히려 반대로 생각한다. 그래도 여기 있는 것이 목숨을 부지하는 것
이고, 미지의 세계는 죽을지도 모르는 위험한 곳이라고.

세계적인 동기부여 전문가인 '브라이언 트레이시Brian Tracy'는 고등학
교 중퇴 후, 처음 얻은 직업이 식당의 접시닦이였다. 낡은 중고차 안에서
먹고 자는 생활을 하다, 실적에 따라 인센티브를 받는 세일즈맨이 된다.
하지만 동가식서가숙하며 미국 전역을 누비는 그의 삶에는 별다른 변화
가 오지 않는다. 어느 날 모텔 방에 누워 천장을 뚫어지게 보면서 한 말이
'이건 아니다'였다. 그렇게 생각한 트레이시는 앞으로 하고자 하는 일들
을 A4용지에 써 내려 갔고, 현재의 상황과 단절을 한다. 그 이후 그의 삶
은 극적으로 변하게 된다. 삶에 정답은 없다. 그렇지만 '이건 분명 아닌
데…'하면서 지속하는 삶과는 단절해야 한다. 그것은 서서히 죽을 뿐, 결
국은 죽는 길을 선택하는 것이기 때문이다.

사람은 언제 변화하나

"강한 자가 살아남는 것이 아니고, 살아남은 자가 강한 것이다."

이는 경쟁에서 이기는 원리 중에 '강한 것'보다 무언가 상위의 개념이 있다는 뜻이다.

짐작하겠지만 그것은 '적응하는 것'이다.

지구상에서 가장 강했던 공룡은 멸종했지만, 그보다 약한 종들은 살아남았다. 힘세고 덩치가 크고 무서운 동물들이 수없이 사라져 갔지만, 바퀴벌레, 파리, 개미들은 수천만 년 혹은 그 이상을 잘 살아내고 있다.

사람들에게 가끔 묻는다. "인간은 잘 변한다고 생각하십니까? 아니면 잘 변하지 않는다고 생각을 하시나요?"하고.

대부분의 대답은 "잘 변하지 않는다."이다. 같이 살고 있는 배우자를 생각하면 쉽게 이해가 갈 것이다. 물론 저쪽에서 생각하는 나의 모습도 마찬가지일 테고.

그런데 사람을 변하지 않는 존재라고 규정하게 되면, 교육의 의미도 퇴색을 하고, 사람에 대한 희망도, 낙도 사라진다. 열심히 배우고 가르치려 하며, 경험을 중시하는 것을 보면 우리는 분명 변화의 가능성을 믿고 있음에 틀림이 없다. 변하지 않는다고 느끼는 것은 아마도 기대치만큼 빠르고 크게 변하지 않기 때문일 것이다.

그렇다면 사람은 어떤 경우에 변화할까?

하나는 '위기가 왔다고 느낄 때'이다. 수십 년 담배 피우던 사람이 신문이나 TV의 건강 특집 정도를 보고 담배를 끊는 경우는 드물다. 그러나 건강에 문제가 생겨 병원에 가, 흡연이 원인이라는 사실을 의사가 심각하게 이야기 한다면 많은 사람이 담배를 끊게 될 것이다. 행동에 변화가 오는 것이다.

도스토옙스키는 급진주의 정치 조직에 가담했다는 죄목으로 사형집행의 위기에 처하게 된다. "피고인 모두는 국가 질서를 전복하려는 혐의에 대해 유죄가 인정되므로, 총살형에 처한다."고 한 장교가 낭독하는 소리를 들으며 무심코 근처 교회의 황금색 첨탑과 그 첨탑에서 반사되는 아침 햇살을 응시하게 된다. 그러면서 '이토록 빨리, 영원한 어둠 속으로 들어서게 되는구나, 만약 내가 죽지 않는다면 스쳐가는 모든 것을 소중하게 여기면서 단 1초도 허비하지 않으리라'는 결심을 한다. 그러다가 극적으로 사형을 면하게 되는 연락을 받고 시베리아로 유배를 가게 되는데, 이후 도스토옙스키는 매일 매일을 마지막 날처럼 살게 된다.

경제가 어렵게 돌아가고, 기업이 구조조정을 하는 분위기가 되면 직원들은 긴장을 하고 열심히 일하는 분위기로 돌아선다. 이 역시 위기를 느끼고 있기 때문이다.

다른 한 경우는 '무언가를 간절히 원할 때'이다. 사랑하는 사람과 결혼에 이르기 위해서는 그 사람이 원하는 유의 사람이 되어야 한다. 그럴 때 나의 스타일을 버리고 변화를 시도한다. 진정으로 하고 싶은 일을 위해서 우리는 많은 욕망을 포기하기도 하고, 기존의 나의 속성을 많은 부분 버리기도 한다. 너무도 그 무언가를 원하기 때문이다. 그렇지만 이렇게 위기가 눈에 보이고 남들이 다 감지할 수 있을 때 변화를 시도하는 사람은 역시 일류가 아니다.

역량 있는 사람이란 남들이 태평할 때 위기를 느끼는 사람이다. 그래서 변화의 속성을 가진 사람은 늘 위기의식을 갖고 있는 사람이라 할 수 있다.

끊임없이 무언가에 도전하고 간절히 구하는 사람 역시 계속하여 변화할 수밖에 없다. 그러니 이러한 두 부류의 사람을 어찌 조직에서 미워할 수 있겠는가!

변화에 저항하는 사람들을 미워할 수밖에 없는 이유다.

임계점을 넘어라

임계점Critical point이란 어떤 물질의 구조와 성질이 바뀔 때의 온도나 압력을 말한다. 물질이 근본적으로 변하기 위해서는 절대적으로 요구되는 '온도와 압력'이 있다는 말이다.

우리가 무언가를 습득해 나갈 때도 마찬가지다. 일정한 횟수를 반복해야만 자연스러운 생각과 몸의 움직임이 따라온다. 이때 필요한 절대적인 인풋In-put의 양을 '임계점'이라 부른다.

우리가 성취하고자 하는 모든 것에는 이러한 원리가 포함되어 있다. 그러니 무언가를 얻고자 하는 사람은 임계점이 어딘지를 파악하고 이에 상응하는 절대량을 투입하여야 한다.

인간의 발전은 〈그림 1〉처럼 차곡차곡 순차적으로 이루어지지 않고, 계단식의 정체와 약간의 발전을 거듭하다 어느 순간 〈그림 2〉의 특정 경계를 넘으면서 비약적으로 발전한다.

직장인의 뻔한 월급을 매달 몇 십만 원씩 모아서 집도 사고 몇 억을 모았다는 이야기가 불가능해 보이지만, 어느 정도의 종잣돈이 마련된 이후는 더하기 개념이 곱하기 개념으로 바뀌면서 극적인 도약의 순간을 맞게 된다.

세상의 원리가 〈그림 1〉과 같다면 신입사원이 CEO가 된다거나 나아가 국회의원·대통령이 되는 일은 시간적으로 불가능할 것이다. 어느 순간 임계점을 넘으면서 속도와 폭이 다른 발전을 하게 되는 것이다.

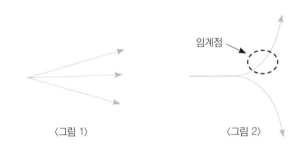

〈그림 1〉　　　　　　　〈그림 2〉

임계점의 원리

효용성의 법칙

임계점을 넘기 위해서는 결과뿐 아니라 과정 자체에 헌신하고 거기에서 오는 오묘한 기쁨을 찾아내지 않으면 안 된다. 노력을 하고 있는데 성과가 보이지 않을 때처럼 답답한 것도 없다. 멋진 연주를 꿈꾸며 악기를 연습하지만 도대체 실력이 늘지 않는 상황의 답답함에 비유할 수 있겠다. 그렇지만 시간과 노력의 투입은 다음과 같은 효용성의 법칙에 의해서 보상을 받는다.

이 경우 또한 지속적인 노력을 기울일 때만 일어나는 현상이다. 어느 순간 중단하거나 일정한 인풋이 주어지지 않으면 곡선은 다시 수평선을 그리게 된다.

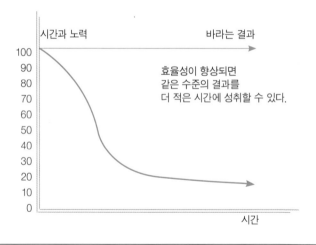

〈그림 3〉 효용성의 법칙

〈그림 2〉와 〈그림 3〉의 중간단계는 자신의 재능을 의심하기도, 세상을 원망하기도 하는 시기이다. 끝이 보이지 않고 막막하여 때려치우고 싶은 때이기도 하다. 이 시기를 잘 견디고 인내해야 한다. 달인이 되거나 성공하기 위해서는 슬럼프를 사랑하는 사람이어야 한다. 요즘처럼 하고 싶은 것, 즐거운 일만 한다는 차원에서는 도달할 수 없는 경지다.

절대량의 법칙

말콤 글래드웰은 어떤 일에든 최소한 1만 시간을 채워야 특정 경지에 도달할 수 있다고 말한다. 1만 시간은 하루에 3시간씩 10년을 노력하는 것이다. (『아웃라이어』, 김영사)

배순훈 전 정통부 장관은 MIT 유학 당시 영어의 장벽 때문에 1년간 수업을 전혀 따라가지 못했고, 반에서 꼴등이라는 성적을 받은 후 학업을 중도에 포기하고 귀국해야 하는지 고민했다. 그러던 어느 날, 집에서 잠을 자다 골목에서 시끄럽게 떠드는 아이들 소리에 잠에서 깼다. '녀석들, 참 별것도 아닌 걸 가지고 싸운다'라는 생각을 하면서. '그런데 어디서 온 한국 애들이야?' 하는 찰나에 본인이 들은 것이 한국말이 아닌 영어라는 것을 깨달았다. 그렇게 안 들려 고생하던 영어가 한국말처럼 들리기 시작한 경이로웠던 순간의 이야기다. 영어가 들리는 데 필요한 절대량에 도달한 순간이다. (『공부 스파크』, 세마치)

프로가 되기 위해서는

어떤 분야에서 진정으로 성공하기를 원한다면 3시간씩 10년으로는 다른 경쟁자들을 따라잡을 수 없다. 하루 10시간씩 3년을 투입하는 방식이어야 한다. 고시를 준비하는 사람이 하루에 3시간씩 10년을 해서는 합격하기 어렵다. 설사 합격한다 해도 나이를 감안하면 효용성이 없다. 10시간씩 3년을 하는 것보다 17시간씩 2년을 한다면 더욱 효과적일 것이다. 사시·행시·외시에 합격한 몇몇의 시험 달인이 실천한 방법이기도 하다.

학자들은 인간의 뇌가 멀티태스킹에 취약하다는 것을 밝혀냈다. 여러 가지를 동시에 하는 것은 비능률적이라는 것이다. 하버드 대학의 심리학자 유홍 지앙은 실험을 통해 그 사실을 증명했다. 그는 대학생들에게 십자가 형태와 다른 형태의 도형을 동시에 보고 반응하게 했다. 학생들은 처음에 이 실험을 우습게 여겼다. 하지만 얼마 후 생각보다 쉽지 않다는 것을 깨달았다. 그들이 얼마나 느리고, 실수를 많이 저지르는지 확인되었던 것이다. 피험자들이 알록달록한 십자가와 도형을 동시에 보고 단추를 누르는 데는 1초의 시간이 걸렸다. 반면 십자가를 먼저, 나중에 도형을 인지할 경우에는 반응이 2배는 빨랐다. 다른 실험에서도 동시적인 작업이 얼마나 많은 실수를 유발하는지가 드러났다. (『시간의 놀라운 발견』, 웅진지식하우스)

그러니 학생들이 음악을 들으며 공부를 하면 더 잘된다는 것은 사실

틀린 말이다. 그저 익숙해졌다는 것의 다른 표현과 느낌일 뿐이다. 집중하여 한 곳에 몰입할 때 시너지 효과를 얻을 수 있다.

임계점의 활용

뛰어난 발명가들은 공통적으로 '우연히 그런 아이디어가 생각났다'는 말을 종종 한다. 그렇지만 학자들은 이것이 우연이 아니라고 본다. 뇌는 평소에 반복해서 고민하는 문제를 잠자는 동안에도 풀기 위해 노력하는데 어느 순간 뉴런이 이곳저곳으로 연결되면서 문제의 해답을 얻게 된다는 것이다. 이런 효과를 알고 있는 사람들은 의도적으로 집중하여 생각하는 시간을 만들어 활용한다. 마이크로소프트의 빌게이츠는 자신은 물론이고 임원들에게도 'Think Week'라는 시간을 만들어 인적 없는 외딴 별장에 들어가 한 가지 문제만을 생각하도록 하고 있다. 워렌 버핏의 회사 버크셔 해서웨이의 직원들은 버핏이 24시간 내내 버크셔에 대해서만 생각한다고 말한다.

집중해야 한다!

이루고 싶은 일이 있다면 그 일에 필요한 시간과 물질의 '임계점'이 어딘지를 자신의 능력과 대비하여 설정해 놓아야 한다. 임계점을 넘지 않고 운을 논한다는 것은 어불성설이다. 이것은 80도나 90도에서 물이 끓기를 바라는 것처럼 불가능한 일이기 때문이다. 피아노를 전혀 배우지 않은 사람이 연인의 생일에 멋진 곡을 하나 연주하여 마음을 사고 싶다면, 1,000번은 되풀이하여 같은 곡을 연습해야 할 것이다. 한때 자기개발의 대명사였던 대우중공업의 김규환 명장은 심청가를 1,000번 듣고 완창을 했다고 한다. 기초가 닦여 있지 않은 상태에서 어떤 경지에 이르고자 할 때의 임계점은 사람마다 다를 수 있다. 자신이 하는 일에 있어서의 '임계점'을 본인의 여러 정황을 고려하여 예측해 보자.

실패에도 임계점이 있다

문제는 발전의 패러다임만이 그런 것이 아니라, 쇠퇴의 패러다임도 마찬가지라는 것이다. 오늘 하루를 허비한다고 해서 크게 표가 나지 않는다. 그렇지만 어느 순간 반대 방향의 임계점을 넘는 순간이 온다. 그때는 걷잡을 수 없는 나락으로 떨어지게 된다. 결코 내일을 예측할 수 있도록 서서히 나빠지지 않는다는 점을 항상 생각하자.

질보다 양

천재와 보통사람의 차이

미국 팝아트의 거장 앤디 워홀은 예술가들의 작업 방식에 대해 "예술가들이 하는 일은 여러 직업 가운데 하나일 뿐이다. 뛰어난 재능에 의해서가 아니라 오랜 기간 축적된 지식과 시행착오를 통해 만들어지며 특별한 것은 없다."라고 말한 바 있다. 뛰어난 예술가들은 대체로 천재에 가까운 사람이고, 이들이 생각하고 일하는 방식은 무언가 특별한 것이 있지 않겠느냐는 일반인의 생각에 대한 답이라 할 수 있다.

이와 관련하여 과학문화연구소 이인식 소장은 "천재의 수수께끼에 도전한 인지 과학자들은 천재나 범인 모두 동일한 문제 해결 과정을 밟는다는 사실을 밝혀냈다. 다시 말해 천재와 보통사람 사이의 지적능력의 차이는 질質보다는 양量의 문제라는 것이다."라고 말했다.

재미있지 않은가! 천재와 보통사람 사이에는 엄청난 지능의 차이가 있고 무언가 특별한 것이 있으리라 생각했는데 그저 양적인 차이만 있다고 하니.

인류 역사상 가장 위대한 천재 하면 우리는 흔히 아인슈타인과 모차르트, 피카소 등을 제일 먼저 떠올리게 된다.

모차르트는 그야말로 하늘에서 내려준 음률을 그저 받아 적은 정도의 천재로 알고 있다. 그만큼 완벽했고 힘도 들이지 않았다고 생각하는 것이다. 그렇지만 그의 유품을 들여다보면 고치고 또 고친 흔적, 때론 작곡을 하다 만 것 등을 발견할 수 있다. 그는 35년의 짧은 생애 동안 무려 600여 곡을 남겼다. 계산을 하면 열 살 때부터 한 달에 2곡씩 꾸준히 쓴 것이 된다. 영화 〈아마데우스〉에서 그려진 철없고 놀기 좋아하는 악동 모차르트가 아니라, 늘 오선지 앞에서 머리를 싸매고 끙끙거리는 것이 실제 모차르트의 모습에 가까운 것이다.

피카소는 94세까지 장수했다. 그렇다면 그는 어느 정도의 작품을 남겼을까? 모차르트의 예에 비추어 대략 추산해보라. 천재가 '질보다 양' 적으로 뛰어나다고 했으니 한껏 부풀려 생각해 보길 바란다. 근접한 답을 내놓은 경우는 거의 보지 못했다. 그만큼 상상을 뛰어넘는 숫자이기 때문이다. 피카소는 5만 점 이상의 작품을 남겼다. 그의 생애 중 80년을 활동기로 쳐도 한 달에 50점 이상을 그렸다는 계산이 나온다. 그러니 얼마나 미술에 열중해 있었겠는가!

폴 에어디시는 헝가리 출신의 수학자로 인류사에 기록될 탁월한 업적을 남겼다. 그는 83년의 생애 동안 1,500편에 가까운 논문을 남겼다. 죽는 날까지 하루 19시간씩 수학을 생각하고 저술했다고 한다.

검도를 배우는 사람이 목표점인 '머리'를 정확하게 가격하려면 몇 번 정도의 죽도를 휘둘러야 한다고 생각하는가? 명로진 씨는 하루에 500번씩 매일 해야 한다며, 열흘이면 5,000번, 1년이면 18만 2,500번인 그런 연습을 수년 동안 해야 정확히 한 번의 '머리!'가 나온다고 말한다. (『인디라이터』, 해피니언)

번득이는 기지와 재능으로 창작한다고 여겨지는 글 쓰는 사람들도 비슷한 예를 든다. 작가 심산은 시나리오 쓰기 워크숍을 진행하다 보면 허접한 글을 작품이라고 들이밀며 자신에게 시나리오 작가의 재능이 있는지 물어오는 사람이 많다며, 그럴 때는 냉랭하게 답한다고 한다. "나도 몰라. 네가 1만 신scene 정도 쓰고 나면 너 스스로 판단할 수 있을 거야." 이 정도는 '선수들' 사이에서는 상식에 불과하다고 말이다. (『한국형 시나리오 쓰기』, 해냄) 또 외국 작가인 나탈리 골드버그는 한 달에 노트 1권은 채우도록 애쓴다고 한다. 글의 질은 따지지 않고 순전히 양만으로 자신의 직무를 판단하고 본인이 쓴 글이 좋은 글이든 쓰레기든 상관없이 무조건 노트 1권을 채우는 일 자체를 중요하게 생각하는 것이다. 만약 매달 25일이 되었을 때 노트가 5장 밖에 채워져 있지 않다면, 나머지 5일 동안 전력을 다해 노트의 나머지를 꽉 채운다고 한다.(『뼛속까지 내려가서 써라』, 한문화) 그렇게까지 하는 것을 보면 양이 충족돼야 질이 따라오는 건 모든 분야의 공통이다.

이렇게 하기 위해서는 자기가 하고 있는 일에 몰입해 있지 않으면 불가능하다. 보통사람도 일정한 조건을 갖추어 노력한다면 얼마든지 몰입의 경지에 들어갈 수 있다. 대다수의 사람들은 본인이 천재의 역량을 가지고 있음에도 알지 못하고 살아간다. 거꾸로 천재로 알려진 사람들의 IQ를 조사해 보았더니 많은 이가 보통사람의 IQ 수치에 불과했다는 연구도 나와 있다. 그래서 성공한 사람들 중에는 이렇게 이야기하는 사람이 많다.

"저는 결코 머리가 좋은 사람이 아닙니다. 오히려 부족한 사람이라 생각하여 남보다 늘 2배로 하겠다는 결심을 하였지요."

그냥 되는 일은 없다

영국 속담에 "세상에 공짜는 쥐덫 속에 있는 치즈 뿐"이라는 말이 있다. 공짜는 공짜지만 목숨과 바꾸어야 하는 무서운 공짜다. 세상에 공짜가 없다면 대가 없이 성공한 사람도 없다고 보아야 한다. 남의 성공을 시기하고 질투하는 것은 그 사람이 노력하는 과정을 제대로 보지 않았기 때문이다.

여기에서는 이 글을 쓴 이후, 비호감이 늘어나 사례로 들기에 좀 주저 됐던 두 사람의 이야기가 나오는데, 호불호를 떠나 재주가 비상해 보이는 사람들도 그 이면에는 어떤 노력들을 했는지의 관점에서 보시길 바란다.

고승덕 전 국회의원이 어느 대학에서 강의한 내용을 보게 되었다. 고 의원은 사시·행시·외시에 합격한 3관왕으로 유명하다. 최근에는 그 바쁜 와중에 펀드 매니저 시험에도 합격해 화제가 되었다. 이렇게 시험만 봤다 하면 척척 붙는 고 의원을 사람들은 천재라고 표현한다. 하지만 이런 세간의 반응에 대해서 고 의원은 강하게 부정하면서 본인이 노력한 과정을 말해준다.

"낭비되는 시간을 줄이고 줄이다 보면 더 이상 줄일 수 없는 한계가 옵니다. 오직 줄일 수 있는 부분은 먹는 시간입니다. 젓가락을 사용해 이 반찬 저 반찬을 집으러 다녀서는 밥 먹는 시간을 줄일 수 없습니다. 그래서 생각해 낸 것이 비빔밥입니다. 그렇지만 이것으로도 부족합니다. 씹는 시간을 줄이지 않으면 안 됩니다. 그래서 반찬의 크기를 균일화했습니다. 저는 고시 준비를 하는 동안 덩어리가 큰 고기반찬을 먹어본 적이 없습니다." 이렇게까지 노력해서 고시에 붙은 것을 보면 분명 우리가 알고 있던 천재는 아닌 것 같다.

상고를 나와 변호사 사무실에서 7년간 사무보조원으로 일했던 양선화 씨가 사법시험에 합격해 화제가 된 적이 있다. 옆에서 비빔밥을 만들어 줄 사람도 없었던 양 씨는 시험 준비기간 동안 김밥과 우유로만 끼니를 때웠다고 한다.

공부를 포함하여 일을 잘하는 원리는 동일하다. 그것은 '반복'하는 것이다. 반복하면 분명 나아진다. 문제는 나아지기 전에 포기하는 것이다.

포기하지만 않으면 어느 순간 모든 게 수월해지는 새로운 경지가 열린다. 이것이 바로 임계점이다. 인생에 한 번쯤은 자신의 영역에서 임계점을 넘는 경험을 해봐야 한다. 그것을 경험하고 나면 두려울 것이 없다. 고승덕 의원은 고등학교 시절 낙제점이었던 수학 성적을 올리는 과정에서 뭐든지 6개월간 몰입하면 잘할 수 있다는 원리를 깨우쳤다고 한다.

히로나카 헤이스케廣中平祐는 수학의 노벨상이라 불리는 '필즈상' 수상자다. 노벨상처럼 이 상도 4년마다 수학에 가장 큰 기여를 한 사람을 선정해 시상한다. 수학은 천재들이 우글우글한 분야다. 히로나카 헤이스케는 대학도 떨어지는 등 평범한 사람이었다. 그런 그가 수학 분야에서 우뚝 서고 필드상을 타게 되는 과정을 『학문의 즐거움』이라는 그의 저서에서 말한 바 있다. 천천히 기다리면서 기회를 잡을 행운이 온 후에는 끈기로 버텨야 한다고 말이다. 그는 '남보다 2배의 시간을 들여야 한다'는 것을 신조로 삼는데, 이를 바탕으로 끝까지 해내는 끈기를 의식적으로 키웠다고 한다. 끝까지 해내지 않으면 그 과정이 아무리 뛰어난다 해도 결과가 없기 때문에 노력이라는 말은 그에게 있어 남보다 더 많은 시간을 들인다는 것과 같은 말이라고 하였다.

우리가 TV나 잡지에서 자주 접하는 가수 조영남 씨는 하고 싶은 대로 하고 사는 자유인이면서, 재주가 남달리 많아 노래도 하고 그림도 그리며 (이후 대작문제로 재판에 회부되기도 했다) 글도 쓰는 것으로 알고 있다. 그는 재미를 추구하는 사람이니 그 실력이 '치열한 노력의 산물은 아니겠지'라는 것이 대중에게 각인된 그의 이미지다. 하지만 어느 잡지에서 마광수 교수와 나눈 대화는 이런 생각을 완전히 바꿔놓는다.

"끙끙거리면 매달리니까…. 대신 열심히 하는 척은 안 해. 열심히 안하는 듯해야 '서프라이즈~' 이렇게 되지. 나는 광대잖아."

열심히 하지 않는 척하는 것이 그의 고도의 전략인 것이다.

그냥 되는 일은 없다. '절제', '인내'와 같이 진리로 인도하는 단어들이 빨리 빨리로 대변되는 현시대에 복귀하여야 한다. 세상에는 설탕으로 코팅된 단어들이 너무도 난무한다.

열정과 방법 사이

산 밑에서 정상을 올려다보면 아득하다. '언제 저기까지 올라가나?' 하는 생각에 긴장되고 부담이 생긴다. 정상을 바라보던 시선을 발끝으로 보내어 한발 한발 움직이는 것을 보면 참으로 가소롭기 그지없다. '이렇게 해서 언제 정상까지 올라가나? 정작 올라갈 수는 있으려나?' 하는 의심마저도 든다. 그러나 시간이 흐르면 어김없이 일정한 위치에 가 있게 되고 결국엔 목적지에 도달한다. 한발 한발 내디뎌 정상까지 올라왔다고 하는 것이 믿기지 않는다. 산에 오를 때 발을 땅에 대지 않거나 축지법 등의 특별한 방법을 쓰는 사람은 없다. 모두가 같은 방식, 같은 노력으로 올라간다.

세상의 어떤 사람도 바지를 입고 벗을 때 한 다리씩 넣고 빼야 한다. 최고의 재벌인 워렌 버핏, 빌 게이츠도, 최고 권력을 가진 대통령도 그러하다. 물론 화장실도 가지 않을 것 같은 줄리아 로버츠나 장동건도 마찬가지다. 식사를 할 때도 그렇다. 적당한 양의 음식을 수저나 포크를 사용해 정기적으로 입으로 날라야 하고, 수십 번을 씹어서 삼켜야 한다. 이것은 병이 들어 입원하지 않는 한 누가 대신해 주지 않는다.

세상에는 뭔가 특별한 것이 있을 것처럼 생각하는 경우가 많다. 공부를 아주 쉽게 하는 방법이 있을 것 같기도 하고, 돈을 아주 쉽게 버는 방법이 있을 것 같기도 하고, 쉽게 성공하는 방법이 있을 것 같기도 하다. 그래서 우리는 그러한 비법을 배우기 위해 이곳저곳을 기웃거리고 시간과 돈을 쏟아붓기도 한다.

영어 공부의 예를 들어보자. 영어를 정복하자고 마음먹은 A와 B가 있다. A는 단어가 중요하다고 생각하여 하루에 단어를 100개씩 외우고, 남는 시간에는 문법 공부를 하는 방식으로 공부를 시작했다. 반면 B는 듣는 것이 중요하다고 생각하여, 하루에 5시간씩 리스닝 공부를 하고 남는 시간에는 독해 공부를 했다. 두 사람 모두 열심히 한다는 전제 하에 몇 년 후 이들의 영어 실력을 비교해본다면 누가 더 좋은 결과를 얻게 될까?

시작의 방법은 달랐어도 영어를 정복하기 위해 두 사람이 가는 길은 특별히 다를 것이 없다. A는 단어와 문법 실력이 어느 수준에 도달했다

싶으면 듣기와 읽기를 공부하게 될 것이고, B는 듣기와 독해를 위해 결국은 단어와 문법 공부를 병행하지 않을 수 없을 것이기 때문이다. 각자가 나름의 시행착오를 겪겠지만 결국은 비슷한 결과를 얻게 될 것이 틀림없다. 노력을 하면 방법은 터득되게 마련이다.

그레그 모텐슨이라는 사람은 여동생의 죽음을 기리기 위해 K2 등정에 올랐다가 조난을 당한다. 다행히 그는 히말라야 발치의 코르페라는 작은 마을의 사람들에게 구조되어 한 달 넘게 간호를 받는다. 감사한 마음에 소원을 하나 들어주겠다고 하자, 학교가 있으면 좋겠다는 이야기를 듣는다. 이후 미국으로 돌아가 약속을 지키기 위해 열심히 저축하고, 한편으로는 유명 인사와 단체들에게 부탁을 해 보지만 쉽게 원하는 돈이 모이질 않는다. 수많은 어려움과 위험을 겪은 후, 한 독지가의 도움이 계기가 되면서 그레그 모텐슨의 학교 짓기 사업은 기적을 만들어 내고, 100여 개의 학교를 세우게 된다. (『세 잔의 차』, 이레)

'열정'이 '재능' 위에 자리한다. 하고자 하는 '마음'이 '방법' 위에 있다. 열정이 있으면 방법은 결국 찾아지게 마련이다. 방법이란 어떤 기기묘묘한 비법이 아니기 때문이다. 『채근담』에는 다음과 같은 말이 나온다. "문장이 궁극에 이르렀다 해서 별다르게 기묘한 것이 아니라 다만 알맞을 뿐이다. 인품이 궁극에 이르렀다 해서 별나게 기이한 것이 아니라 다만 본연 그대로일 뿐이다."

최고의 경지는 오히려 평범하다. 최고의 기량을 가진 컨설턴트들이 쓴 보고서를 보면, 참으로 상식적이다. 난해해서 이해하기 어렵거나 세상에 없는 이론으로 가득 차 있지 않다. "그래! 그럼 그렇지! 나도 그렇게 생각하고 있었어!"라는 말이 절로 나온다. 산중에서 도를 닦는 사람과 세상 속에서 치열하게 사는 사람 간에 우열이 있을 수 없다. 노력하고 고민한 만큼이 수련의 정도일 뿐이다. 오히려 타의에 의해 자신의 능력 범위를 넘도록 늘 강요받는 속세의 삶이 훨씬 더 구도적인 환경일 수 있다.

답은 몸을 움직이는 데 있다. 세상의 일은 다 몸을 움직이는 데서 시작되고 마무리된다. 사는 동안 '기적은 없다'고 생각할 일이다.

나의 바둑 학습기

나는 바둑이 재미있다. TV 채널을 돌리다 바둑 관련된 것이 나오면 웬 만한 프로그램은 다 제쳐 놓고 이것을 본다. 신문에 신진서나 바둑 관련 기사가 나오면 흥미진진하게 정독하고, 산책을 나갔다가도 골목이나 공 원에서 바둑 두는 광경을 보면 그냥 지나치지 않는다.

그렇지만 바둑 실력은 그야말로 하수다. 정식으로 혹은 누군가에게 배워본 적이 없다. 인터넷 바둑에서 9급을 두는 정도다. 이것은 초등학생 때부터 지금까지 거의 변하지 않는 급수다.

참으로 묘하다. 미친 짓도 하면 는다고 하는데, 인터넷으로 둔 대국 숫 자가 수천 회를 넘겼건만 바둑 실력은 늘 제자리인 것이다. 잘 두고 싶은 욕망은 늘 있지만 그게 마음대로 되지 않았다. 마치 영어 회화를 잘해보고 싶은데 안 되는 심정과 비슷한 것일지 모르겠다.

한 3급 정도 실력만 되면 원이 없겠다고 생각했다. 그 정도 실력이면 아래 급수의 사람들과도 어울릴 수 있고 고수와도 몇 점을 깔면 수담을 나눌 수 있는 실력이라고 생각했기 때문이다. 그래서 마음속에 '언젠가 바둑 실력을 좀 키워야지!' 하는 생각이 늘 있었다.

그러던 중 강의가 한가한 12월과 1월을 택해 집중적으로 바둑 공부를 했다. 여기에는 몇 가지 의도가 있었는데, 하나는 그렇게 원하던 바둑 실력을 어느 정도까지 올려보자는 것이었고, 다른 이유는 '배움의 원리'에 대해 스스로 체득하면서 연구해 보고자 하는 것이었다.

무턱대고 바둑만 두는 것은 실력 향상에 결코 도움이 되지 않는다는 것을 잘 알고 있던 터라, 정식으로 공부를 해야겠다고 방향을 정했다. 공부에는 스승이 있어야 하는 것이고 부득이 스승이 없어 독학을 해야 한다면 교재라도 있어야 하는 것. 이를 만족시켜 주는 것이 바둑 동영상 아니겠는가? 찾아보니 무료로 접할 수 있는 바둑 강좌가 많았다. 마음만 먹으면 배울 수 있는 도구는 도처에 널려 있는 참으로 좋은 세상이다.

수험 공부를 하는 학생처럼 몇 시간씩 바둑 강좌를 보고 익히기 시작했다. 시간을 나누어 1시간은 '포석'을, 다음 1시간은 '중반 이후 전개'를, 이후는 '사활'에 대해서 등등을 나누어 집중적으로 공부했다. 이렇게 파고들어서 파트별로 연구를 하고 난 후 인터넷으로 실전을 치르고 자신의 문제점을 파악해 다시 파트별로 연구하고….

매일 10시간 정도를 오직 바둑 공부만 하면서 한 달을 보내자 40년간 요지부동이던 바둑 급수에 드디어 변화가 생기기 시작했다. 9급에서 8급으로, 8급에서 7급으로…. 꿈에 그리던 3급까지…. 결국은 1급, 1단까지! 물론 인터넷에서의 1급, 1단은 기원에서 말하는 1급에는 미치지 못한다. 그렇지만 중요한 것은 내 바둑 실력이 열 단계나 올라갔다는 사실 아니겠는가!

고시에 합격하기 위해서 공부하는 원리를 '밑 빠진 독에 물 붓기'로 표현하곤 한다. 밑 빠진 독에 물을 가득 채우기 위해서는 짧은 시간에 많은 양의 물을 쏟아 부어야만 한다는 말이다. 변화와 발전은 이런 식으로 이루어지는 경우가 많다. 한때 미쳤던 정도에 의해서 수준이 결정된다. 이제 내가 다시 한 번 미치기 전에는 영원히 이 급수에 머물 것이다. 대학 시절 결정된 당구 실력은 그대로 평생을 간다. 바둑과 마찬가지로 영원한 고수와 영원한 하수로.

'찔끔 찔끔 꾸준히'로는 전혀 상황을 반전시키지 못한다. 집중적인 인풋In-Put에 의해서만 극적인 아웃풋Out-Put을 얻을 수 있다. 이것이 '임계점을 넘는다'의 원리다. 임계점을 넘으면 액체는 기체가 되고, 물은 수증기로 변한다. 형질 자체가 변화하는 것이다. 극적인 변화를 원한다면 이 임계점을 돌파해야 한다. 임계점에 도달해서야 구조와 성질이 다른 상태로 변모하는 것이다. 한 달간의 '바둑 학습기'는 내게 소중한 체험을 하게 했다.

몰입

직장생활이든 인생살이든 우리는 과제와 실력·능력의 함수 관계에 있게 마련이다. 실력이 갖추어지지 않았는데 어렵고 중요한 과제가 주어진다면 우리의 마음은 어떻겠는가? 다음 쪽 그림에서 보는 것처럼 걱정이 앞설 것이다. 그 정도가 심하면 불안해지기까지 한다. 이럴 땐 어떻게 해야 하는가? 업무를 포기하고 직장을 그만두는 식의 선택을 하는 것이 아니라 자신의 실력을 높여야 한다.

나는 신입사원 시절 기획실에 배치를 받아 재무제표를 다루고 경영분석을 해야 하는 보직을 받았다. 상업을 배운 적도, 경영학을 공부한 적도 없어 참으로 걱정되고 당황스러웠다. 이러한 상황을 타개하기 위해서 새벽에는 부기학원, 퇴근 후에는 회계학원을 다니며 필요한 역량을 보충했던 기억이 있다.

잠재적인 능력이 뛰어나기로는 우리 대한민국 사람이 세계 최고라 생각한다. 이러한 엄청난 가능성이 있음에도 불구하고 늘 낮은 과제만을 찾아다닌다면 어떻게 될까? 아래 그림에서처럼 처음에는 자신감으로 업무를 진행할지 몰라도 시간이 지나면서 느긋해지고 권태롭고 무관심해진다. 이럴 땐 어떻게 해야 할까? 과제를 좀 더 도전적으로 설정하는 것이 개인의 발전이나 정신건강에 이롭다.

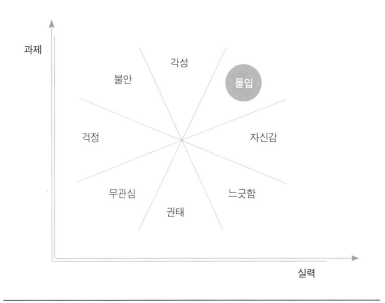

몰입의 즐거움

이렇게 과제와 실력이 팽팽한 긴장상태에 있을 때를 우리는 '몰입'의 상태에 든다고 말한다. 몰입의 상태가 잦을수록 우리 삶의 질은 높아지고 행복해진다는 것이 칙센트 미하이 교수의 '몰입이론'이다. 이 이론은 성장과 발전을 꿈꾸는 개인은 물론 조직 운영 원리에도 큰 영향을 미쳤다. 심지어는 '행복의 정의'조차 가치관의 문제에서 몰입의 상태 속에 있는 것으로 바꾸어 놓았다. 다시 말해 행복이란 '생활에서 충분한 만족과 기쁨을 느끼는 흐뭇한 상태' 등으로 정의할 문제가 아니라 '몰입의 상태'에 있으면 행복한 상태에 있는 것이므로 다른 방법으로 행복을 구할 것이 아니라는 말이다. 그래서 몰입이란 용어는 이러한 상태가 계속된다는 뜻으로 'FLOW'라는 단어를 사용한다.

몰입에 빠져들기 위해서 세 가지 전제가 필요하다고 칙센트 미하이 교수는 말한다.

- 분명한 목표
- 즉각적인 피드백
- 과제와 능력 사이의 균형

이것은 도박을 할 때의 상황과도 유사하다. 도박은 돈을 따기 위해 하는 것이다. 심플하고 분명한 목표가 있다. 도박은 종류를 불문하고 2가지 공통점이 있는데 길지 않은 시간에 승부가 나고, 그 승부가 반복적이라는 것이다. 한 달 혹은 1년을 기다려야 결론이 나는 것이 아니다. 또 도박을 하는 사람들 간에는 팽팽한 균형 상태가 유지된다. 결국은 누군가 승자가 되긴 하지만 그 과정이 그렇게 일방적이지 않다. 도박은 이렇게 몰입할 수 있는 여건이 모두 갖추어져 있기 때문에 사람들이 식음을 전폐하면서까지 여기에 빠져드는 것이다.

자신에게는 물론 직원의 관리에도 이 이론을 적용해 보면 어떨까? 분명한 목표를 주어야 한다. 자주 칭찬해주고 보상해주면 좋을 것이다. 너무 힘겨운 과제여서도 안 되지만 너무 쉬운 과제여서는 성취감을 느끼지 못한다.

'빠른 것'이 모든 가치관을 따돌리면서 우리는 '눅진'하게 생각하고 행동하는 것을 점차 잊어버린 채 살고 있다.

이 몰입의 이론을 몸으로 체화한 서울대학교의 황농문 교수는 평범한 중학생들을 대상으로 몰입 실험을 했다. 선행 학습은 하지 않아 미적분이 무엇인지 모르는 학생들에게 3일간의 시간을 주고 문제를 풀도록 한 것이다. 세계적인 천재 뉴턴이 발견한 법칙을⋯. 놀라운 것은 상당한 수의 학생들이 문제를 풀었다는 점이다. 결국 시간을 갖고 몰입을 하면 보통 사람들에게서도 놀라운 잠재력을 끌어낼 수 있다는 사실을 증명해 보인 것이다.

한 가지를 깊이 생각하는 것, 한 문제에 천착하는 것, 우리가 현재 잊은 채 살고 있는 삶의 지혜.

내가 하는 일이
세상에서 제일 중요하다

'몰입'을 해서 무언가를 이룬 사람들의 공통된 특징이 있다. '자기가 하고 있는 일이 세상에서 제일 중요하다고 생각한다는 것'이다.

타이거 우즈나 PGA챔피언 정도라면 누구나 알만한 세계적인 인물들이다. 그렇다고 해서 그들이 하는 일이 그 정도로 중요하다고 말할 수는 없다. 조금 폄하해서 이야기한다면 그들은 길이가 다른 작대기들을 요령 있게 섞어 쓰면서 조그마한 공을 멀리 있는 구멍에 몇 번 만에 집어넣는 가를 늘 연습하고, 또 그것을 세상에서 가장 잘 하는 사람 중 한 명일 뿐이다. 인류를 위해서 뭐 그리 대단한 일을 하는 것은 아니라고 볼 수 있다.

여기에 비해 우리가 하는 일들은 의외로 의미가 있을 수 있다. 회사에서 하는 일이 결국은 우리나라 수출에 기여하는 것일 수 있고, 유치원에서 아이들을 가르치는 것도 미래의 위인에게 깊은 영감을 주는 행위일 수 있다. 그러니 세상에는 어떤 일이 더 중요하다, 중요하지 않다 말하기 어려운 것이다. 대통령에서부터 청소부까지 역할이 다를 뿐.

문제는 앞에서도 이야기한 것처럼 지금 자기가 하는 일에 대해서 어떻게 생각을 하느냐의 문제다. 타이거 우즈는 자기가 하는 일이 세상에서 제일 중요하다는 생각으로 생활의 모든 것을 여기에 집중시킨다. 김연아 선수 또한 자기가 하고 있는 운동이 세상에서 제일 중요하다고 생각했음이 틀림없다. 김연아에게 있어 골프는 잘은 몰라도 좋은 스포츠다. 바둑의 신진서에게 골프나 스케이팅은 관심 밖의 세상일 수 있다. 손님으로 문전성시를 이루는 음식점의 주인들을 보면 자기가 하고 있는 일, 자기가 만든 음식이 세상에서 최고라 생각하는 도도한 자존심이 느껴진다.

'나는 세상에서 가장 중요한 일을 하고 있다'고 생각해야 자기 분야에서의 발전이 이루어진다. 또 '몰입'을 하게 되면 자기가 집중하고 있는 일이 '세상에서 가장 중요한 일'로 여겨진다. "상황이 요구하는 수준 이상으로 관심을 기울이면, 대수롭지 않은 사건이 삶을 뒤바꾸는 중대한 발견으로 바뀐다."고 몰입의 주창자 칙센트 미하이는 말한다.

우리는 늘 상황이 요구하는 정도에서 그 노력을 그친다. 때론 그것마저도 충족시키지 못하기도 한다. 오히려 상황이 요구하는 것보다 더 많은 관심을 기울이는 것은 어리석은 짓이라고 생각하기도 한다. 책을 한 권 읽고 독후감을 써오라고 했는데, 잘못 알아들어 두 권을 읽고 두 개의 독후감을 써가게 되면 억울한 것인가? 반전은 여기에서 일어난다. 비슷한 조리법, 비슷한 양으로 승부하고 있는데 누군가 상상을 뛰어넘는 양을 제공한다거나 기상천외한 조리법을 선보인다면 판세가 바뀌는 것이다. 적당히 8시간 일하고 펑크나 내지 않으려는 것은 상황이 요구하는 수준에 겨우 맞추는 것이요, 수준 이상으로 관심을 기울이게 되면 핵심역량을 가진 인재가 되는 것이다. 이러한 노력은 '내가 현재 하고 있는 일이 세상에서 가장 중요하다'고 생각할 때만 나올 수 있다.

이런 사고에 의해서 기아는 자전거를 만들던 회사에서 자동차 회사로 성장했고, 현대건설은 집 몇 채 지어 팔던 회사에서 출발해 세계적인 건설회사로 성장했다.

작은 호떡집이던 '황가네 호떡'도 상황이 요구하던 것 이상의 서비스(기존의 호떡과 차별화하기 위해 호두, 땅콩, 건포도 등 20여 가지 재료를 섞어 썼으며, 일반 호떡 장사와는 달리 위생모와 유니폼을 착용하고 로고를 새겨 넣은 앞치마를 입었다. 당시 300원이던 호떡은 장인정신으로 만든 '명품호떡'이란 칭호를 얻게 된다.)를 통하여 전국적인 체인이 될 수 있었고, 청계천의 작은 보쌈집 '원할머니 보쌈'도 이윤을 초월한 맛을 쫓다 보니 재벌이 되었다.

세계적인 음식이 된 라면의 탄생도 안도 모모후쿠라는 사람이 그저 '맛있고 저렴하고 편리한' 음식을 만들어보겠다는 작은 일념에서 탄생한 것이고, 애플의 모든 제품은 스티브잡스의 디테일에 대한 강박증으로 만들어진 것이고, 페이스북도 마크 저커버그가 자기 학교 학생들의 네트워크를 만들다 지금의 세계적인 기업이 된 것이다. 물론 이들의 공통점은 이 작은 일을 세상에서 가장 중요한 일로 생각했다는 것이다.

남의 영역을 부러워할 것이 아니다. 내가 하는 일을 요구되는 수준 이상으로 하는 것이 중요하다. 이유는 간단하다. 내가 하는 일이 세상에서 가장 중요한 일이기 때문에!

작은 승리의 중요성

'실패는 성공의 어머니'라는 격언이 있듯이 흔히 성공보다 실패를 통해 많은 것을 배운다고 믿어왔다. 그러나 이와 반대로 실수가 아니라 성공했을 때에만 뇌에서 학습이 이뤄진다는 연구결과가 나왔다. MIT의 피코워 학습기억연구소 얼 밀러 교수가 이끄는 연구팀이 원숭이를 대상으로 실험한 결과, 실패한 행동은 뇌세포에 전혀 또는 거의 변화를 가져오지 못한 반면 성공한 행동을 했을 때에는 뇌세포에 변화가 일어나는 것이 밝혀졌다. 연구 결과는 학술전문지 《뉴런》 최신호에 실렸다.

연구팀은 원숭이에게 두 가지 그림을 번갈아 여러 번 보여주면서 하나의 그림을 보여주었는데, 시선을 오른쪽으로 돌릴 때 먹이를 주고 다른 그림에는 시선을 왼쪽으로 돌릴 때 먹이를 주는 실험을 반복했다. 밀러 교수는 "먹이를 얻어먹을 때 원숭이 뇌로 '성공했다'는 신호가 전달되고, 뇌의 신경세포도 이전보다 정보를 선명하게 처리하는 식으로 개선됐다." 며 "성공한 행동을 한 원숭이는 올바른 선택을 반복하는 경우가 많았다." 고 설명했다.(장택동, "뇌, 실패 아닌 성공에서 배운다", 동아일보, 2009. 08. 01.)

실패는 피할 수 없는 인간의 운명이지만 실패의 경험은 대체로 상처와 좌절을 준다. 강한 사람들은 이를 딛고 일어서지만 그렇지 못한 사람들은 주저앉고 만다. "자라 보고 놀란 가슴 솥뚜껑 보고 놀란다"는 속담처럼 다시 무언가를 시도하는 것이 두렵게 느껴진다.

승리 경험은 소중한 자산이다. 미셸 위가 타이거 우즈에게 골퍼로서의 인생에 대한 조언을 구하자 "일단 우승을 해서 승리를 맛 봐라. 그 경험이 중요하다."라고 했다. 승리를 맛 본 사람만이 승리의 기쁨을 안다는 것이고, 성공해 본 사람이 성공의 원리를 안다는 것이다. 학창 시절 1등을 해 본 사람은 어느 정도의 시간과 깊이로 공부를 해야 1등을 한다는 원리를 알고 있다. 또 그렇게 해서 얻어지는 기쁨과 보람에 대해서도 알고 있다. 그래서 계속 그 수준을 유지할 수 있게 되는 것이다. 직장생활과 사업에 있어서의 성공도 같은 원리다. 성공하는 사람들은 설정하는 목표의 수준이 다르다. 최소한 어느 정도에 도달해야 일이 완성되고 경쟁에서 이길 수 있는지를 알고 있고, 그렇게 해서 얻어지는 결과의 기쁨까지도 알고 있는 것이다.

기업이 변화와 혁신을 통해 성공하는 원리도 마찬가지다. 변화와 혁신은 하루아침에 이루어지지 않는다. 위기의식을 공유한 후에, 여러 단계의 과정을 거쳐 결국 문화와 제도로 정착하면서 일단락을 짓게 되는 긴 여정이다. 중간에 작은 승리를 경험하지 못하면 그 길고 힘든 과정을 성공적으로 마칠 수가 없다.

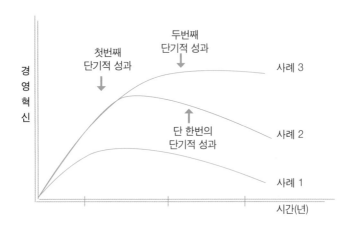

위의 그림와 같이 세 가지 기업의 사례를 예로 들어 보자. 사례 1의 경우 단기적 성과가 없다. 사례 2는 14개월 후에 단기적 성과를 거두지만 1년 후에는 다른 성과가 없다. 사례 3은 14개월 후, 26개월 후에 각각 단기적 성과를 거두었다. 이 세 가지 사례 중 어떤 경우가 경영혁신에 성공했을지는 그래프를 통해 알 수 있다. 이처럼 성공의 경험은 힘과 생기를 준다.

몰입의 이론에서도 '즉각적인 피드백'의 중요성을 이야기한다. 피드백이 즉각적으로 주어지는 일일수록 몰입하게 된다는 것이다.

실패의 가장 큰 해악은 해도 안 될 것 같은 부정적인 생각을 갖게 하는 것이다. 부정적인 생각을 갖고 있으면 무슨 일을 시도하기가 두려워진다. 또 이런 마음으로 하는 일이 잘될 리가 없다. 결국 악순환에 빠지게 된다.

실패하여 좌절하고 있는 경우라면, 작은 성공을 빨리 경험하는 것이 좋다. 이것이 실패로부터 빠져 나오는 가장 좋은 방법이다. '신바람'이 나면 뭐든 할 수 있는 우리 민족성이라면 더욱 그렇지 않을까!

강수진, 그 가늠할 수 없는 내공

개정판을 준비하면서 글을 보완하기도 내용을 다듬기도 하는 지금, 강수진 씨는 이제 현역에서는 은퇴하여 국립발레단 예술감독으로 있다. 내가 뭔가 결심을 하고 인내해야 된다는 생각을 할 때, 많은 영감과 자극을 주었던 분이어서, 그 분의 이야기를 다시 소개한다.

'아! 이 사람은 거의 깨달은 사람이구나' 하고 느낄 때가 있다. 깨닫지 못한 사람이 그 경지를 논한다는 모순이 있지만, 그럼에도 불구하고 이런 확신을 갖게 한다. 내게 이런 느낌을 준 사람 중 하나가 발레리나 강수진 이다.

발레에 문외한이고 취미도 없는 내가 공연장을 찾아갔던 것도 오직 강수진을 한 번 보기 위해서였다. 나는 강수진이 얼마나 발레를 잘 하는지 모른다. 또 외모에 대해서 어떤 느낌을 특별히 가진 적도 없다. 강수진에 반한 것은 오직 그녀의 생각과 말 때문이다. 그렇게 말하고 생각하는 사람이 어떤 사람인가를 간절히 보고 싶었기 때문에 공연장을 찾아갔다.

그동안 강수진은 너무도 엄청난 일들을 해냈다. 세계적인 권위의 '로잔 콩쿠르 1위'와 무용의 아카데미인 '브노아 드 라 당스' 최우수 여성 무용수 상을 받은 바 있으며, 2007년에 최고의 무용수에게 주어지는 '캄머탠저린kammertanzerin:궁중무용가' 칭호를 받기도 했다. 최근에는 세계적인 안무가이자 슈투트가르트 발레단의 예술감독을 역임했던 존 크랑코의 이름을 따 설립된 비영리단체에서 주는 '2007 존 크랑코 상'을 수상하기도 했다. 모두가 '동양인 최초'라는 기록을 갖고 있으며 인종과 국적의 벽을 넘은 그녀의 완벽함에 찬사를 보내며 수여된 것들이다.

이런 직후의 인터뷰에서 "감사할 일이 많은 해였다. 그러나 무용 인생 험하기는 상을 받으나 안 받으나 똑같다. 수상한 다음 날도 아침 6시에 일어나 고단한 하루를 보내야 한다. 사람들은 내게서 근사한 말을 듣고 싶어 하지만 내 생활은 결코 그렇지 않다. 어쩌면 꿈꾸지 않고 지루한 하루하루를 반복한 게 지금의 나를 만든 것 같다."라고 했다.

그렇다. 이럴 때 우린 늘 멋있는 대답을 기대한다. 그 대답 속에는 '꿈'이라든가 '목표'라든가 '보람'이라든가 "발레는 내가 너무 좋아서 하는…" 등등의 말이 있어야 한다고 생각한다. 성공한 사람들의 인터뷰가 대부분 그랬던 것처럼. 강수진은 이렇게 뜻밖의 대답을 듣고 당황해 하는 기자에게 "내가 가장 좋아하는 발레 '오네긴'조차 난 꿈꿔본 적이 없다. 기한을 정하고 '언제까지 저걸 못하면 난 죽어'라고 다짐하는 식이었다면 일찌감치 무용을 접었을 것이다. 어떤 분야든 정상에 오른 사람들은 지루한 인생을 가지고 있다."라고 말했다.

이쯤 되면 강수진의 내공이 어느 수준일까를 미루어 짐작 정도는 하지 않겠는가! 강수진의 인터뷰에는 언제나 이런 주옥같은 대답들이 있는 터라 나는 한마디도 놓치지 않고 의미를 헤아려보려 애를 쓴다.

"어느 공연이든지 약간의 떨림은 있어야 해요. 떨림이 없으면 그것도 공연에 안 좋아요. 그러나 너무 떨면 실수가 많고, 너무 편안하게도 할 수 없고…. 그것을 잘 조절해야 해요."하는 대목에서는 '최고 정신의 특징은 모순되는 아이디어를 동시에 가지고 있으면서도 생각하는 능력을 여전히 잃지 않는 능력'이라는 말을 떠올리게 된다.

강수진은 '언제 현역에서 은퇴할 것인가?'에 대하여는 "무용은 숙성될 시간을 기다려주지 않는 예술이다. 난 자존심이 강해서 내 춤에 에너지가 없다고 판단되면 그 날로 내려올 것이다."라는 대답을 했다. 강수진의 모든 인터뷰 내용들은 나에게 잠언으로 다가오고, 위대한 성구로 들린다. 이런 생각을 가지고 있는 사람이 어찌 아름답게 보이지 않을 것이며, 어찌 존경스럽지 않겠는가!

요즘은 온통 '좋아하는 것'을 하라는 권유, '본능이 시키는 대로' 하는 것이 훌륭한 선택의 방법론인 것처럼 이야기한다. 최근 베스트셀러가 되었던 『도파민네이션』의 저자 애나 렘키는 '쾌락'과 '고통'이 같은 공간에서 느껴진다는 사실을 발견해 냈다. 쾌락이 커지면 고통이 균형을 잡으려고 하고, 고통이 커지면 다시 쾌락이 균형을 유지하려 한다는 것이다. 마치 시소의 원리와 같이. 기분 좋게 마신 술이 다음날 후회가 되고, 힘겹게 공부한 뒤 뿌듯함이 느껴지는 것을 우리는 경험하지 않았는가. 그러므로 좋은 것, 하고 싶은 것을 한다고 인생이 늘 좋고 행복할 수 없다는 것을 알아야 한다.

부처님이 '인생은 고苦'라고 하였듯, 인생이 어찌 그러한 것들로만 채워질 수 있겠으며 거기에서 어찌 이런 깊은 깨달음과 경지를 얻을 수 있겠는가. 피터 드러커도 리더십에 대하여 비슷한 말을 한 적이 있다. 리더십은 오히려 평범한 것이다. 그리 낭만적이지 않으며, 오히려 매우 지루한 것일 수도 있다. 성인의 글을 읽을 때나, 피터 드러커 같은 대학자의 글을 읽을 때와 같은 깊이를 주는 강수진의 생각이다.

좋아하는 일, 잘하는 일
그리고 직업의 관계

'좋아하는 것을 찾는 것'이 성공적인 삶의 시작이라 인식하고 있다. '좋아하는 일을 하고 산다'는 것은 말 그 자체로도 듣기 좋다. 마치 '일이 좋아서 한다'로 들린다. 그래서 좋아하는 것을 열심히들 찾는데 그것이 그리 쉽지 않은 모양이다. 그렇다면 언제까지 좋아하는 것을 찾아 헤매야 할까? 그리고 좋아하는 일을 찾기만 하면 그 뒤의 일은 걱정하지 않아도 술술 풀릴까?

음악을 광적으로 좋아하던 친구가 있다. 희귀 음반을 많이 소장하고 있어 방송에 출연하여 소개하곤 하더니, 이런저런 경로를 거쳐 결국은 방송 디제이가 되었다. 좋아하는 일이 그야말로 직업이 된 것이다. 그렇지만 방송 디제이가 된 후로는 예전처럼 음악을 즐길 수가 없게 되었다는 말을 들었다. 새로 나오는 국내외 신곡들을 섭렵하기 위하여 음악을 마치 책 속독하는 방식으로 듣기도 하고, 일정 부분은 건너뛰면서 듣기도 한다는 것이다. 다른 직업을 택했더라면 '음악을 훨씬 더 즐기고 사랑할 수 있었을 텐데…'하는 일종의 탄식을 들었다. 그 좋아했던 음악이 스트레스가 된 것이다. 바둑의 조훈현 국수도 비슷한 말을 했다. 바둑을 좋아해 프로기사가 되었는데, 집에 돌아오면 바둑과 관련된 것은 어떤 것도 보기 싫다는 것이다.

직업은 즐기는 선에서 멈추는 것을 허락하지 않는다. 머리에 쥐가 나고 입에서 단내가 나는 정도는 돼야 자신의 영역을 겨우 지켜낼 수 있다. '그래도 좋아하는 일을 하는 것이 낫지 않겠는가?' 당연하다. 그렇지만 어떤 경계를 넘어서면 별 차이가 없다는 말이다.

그래서 세계적인 석학 피터 드러커는 좋아하는 일을 찾으라고 조언하지 않고 '자신의 강점'을 파악하라고 했다. 아인슈타인이 "오케스트라 정식 단원만 될 수 있다면 그간 내가 쌓아 놓은 모든 공적과 바꿀 수 있다."고 했을 정도로 바이올린을 좋아했지만 오케스트라에 들어갈 정도의 실력이나 재능은 결국 갖추지 못했다. 하고 싶은 것과 할 수 있는 것을 구분해야 하는 이유다.

'해야만 하는 일도 좋아하는 일처럼 몰입할 수 있을까?'에 대해서 '몰입' 체험을 통해 괄목한 성과를 이루고 이 방면의 책을 쓴 황농문 교수는 "그렇다, 몰입은 외부에 의한 수동적 몰입도 가능하다."고 말한다. 몰입 상태에 들어가면 행복하다고 했다. 비록 해야만 하는 일일지라도 빠지고, 보람을 느끼는 메커니즘에는 큰 차이가 없다.

피터 드러커는 "자신의 강점에 집중하라"는 조언과 함께 '나쁜 습관'은 고쳐야 한다고 말한다. 다시 말하면 치명적인 약점은 없애거나 보완을 해야 한다는 말이다. 단점에 대해 무심한 요즈음의 견해와는 다른 주장이다. '좋아하는 것'을 강조하는 사람들은 '인내'나 '고통'이라는 단어를 쓰지 않는다. 그렇지만 과연 그런 요소 없이 이루어질 수 있는 것이 있을까?

이후는 자기가 성과를 올리는 방법에 대하여 잘 파악하는 것이다. 누구는 사람들과 어울려 일을 할 때 에너지를 얻는가 하면 누구는 혼자서 일을 할 때 능률이 오른다. 참모로서는 아주 훌륭하지만 지휘관을 맡기면 영 리더십을 발휘하지 못하는 경우도 있다. 긴장감이 고조된 상황에서 능력을 발휘하는지, 여유로운 환경에서 상상력이 극대화하는지 알아야 한다.

어떤 사람은 가르치면서 지식을 체계화하기도 하고, 누군가는 쓰면서 그런 작업을 하기도 한다. 나는 극히 자유로운 환경에서 일을 잘하리라 생각했었는데 지나고 보니, 어느 정도 구속이 있고 적당한 관계들이 그물

망으로 엮어져 있는 상황에서 능력을 발휘한다는 것을 발견했다.

그래서 좋아하는 일을 찾는 것만큼이나 '일을 좋아하게 만드는' 능력이 중요한 것이다.

나를 알아주는 사람을 위해 목숨을 바친다

　"사위지기자사士爲知己者死"라는 말이 있다. 남자는 자기를 알아주는 사람을 위해서 목숨을 바친다는 말이다. 선비 사士를 남자로 해석한 것은 다음 대구로 여자에 대한 이야기가 나오기 때문이다. 여위열기자용女爲悅己者容, 여인은 자기를 기쁘게 해주는 사람을 위해 단장을 한다는 말이다. 그렇지만 이 구절만 논한다면, 인간으로 해석해도 무방할 것 같다. "인간이란 자기를 알아주는 사람을 위해서 목숨을 바친다."라고.

　이 이야기는 사마천의 『사기』에 나오는 진나라 예양의 이야기다. 그가 섬긴 여러 주군 중에 '지백'이 있었다. 지백은 조양자에게 죽음을 당했는데, 예양은 이의 원수를 갚으려다 두 번이나 조양자에게 잡힌다. 조양자가 용서해 줌에도 끝까지 지백을 위해 목숨을 바치려하는 예양에게 그 이유를 묻자, "저는 범 씨와 중항 씨를 섬긴 일이 있습니다. 그들은 모두 저를 보통사람으로 대접하였으므로 저 역시 보통사람으로서 그들을 대하였을 뿐입니다. 그러나 지백은 저를 한 나라의 걸출한 선비로 대우하였으므로 저도 한 나라의 걸출한 선비로 그에게 보답하려는 것입니다."라고 대답을 했다.

'인정'의 힘이란 이런 것이다. 헤겔은 '인지욕'에 대해 식욕·성욕과 마찬가지로 인간의 가장 근원적인 욕구 중 하나로 규정하기도 했다. 인정을 조금 가벼운 개념으로 바꾸면, 이것이 '칭찬'이다. 우리는 종종 칭찬을 통하여 동기를 부여 받기도, 하기도 한다. 이렇게 돈이 들지 않으면서도 엄청난 위력을 발휘하게 하는 칭찬을 실제로는 제대로 활용하고 있지 못하기 때문에 혹자는 이를 '잊혀진 재원'으로 명명하기도 한다.

칭찬은 꼭 윗사람이 아랫사람에게 하는 것만이 아니다. 윗사람도 아랫사람에게 칭찬받고 인정받으면 똑같이 기분이 좋다. 물론 선을 잘못 넘으면 아부가 되기도 한다.

"칭찬을 자주 하느냐?"는 질문을 하면 많은 사람들이 "자신은 칭찬을 자주 하는 편"이라고 답한다. 그렇지만 또 "칭찬을 자주 듣느냐?"에 대해서는 많은 사람이 "들어본 기억이 별로 없다."라고 이야기한다. 그렇다면 그 많은 칭찬은 어디로 간 것일까?

칭찬에도 요령과 방법이 필요하다.

- 칭찬은 구체적이어야 한다. 두루뭉술하게 '잘했어', '좋았어'로는 부족하다. "프리젠테이션 할 때 미주 지역의 필요한 데이터를 만들어 준 것, 정말 고맙네."처럼 구체적이어야 한다.

- 즉시 해야 한다. 뭐든 타이밍을 놓치면 빛이 바랜다. 어떤 의도를 갖고 하는 듯해서는 안 된다.

- 단서를 달지 말아야 한다. 부정적인 언급 사이에 샌드위치처럼 끼워 넣는다든지, 칭찬 후 비판적인 코멘트로 끝을 맺어서도 안 된다. "넌 일은 잘해, 인간성은 별로지만 말야."처럼.

- 지속적이어야 하고 일관성이 있어야 한다. 특히 조직에서 그렇다. 기준이 바뀌면서 그때그때 다른 행동을 칭찬해서는 안 될 것이다. 그래야 '아! 저 사람은 저런 원칙과 철학을 갖고 있구나!'하고 알게 될 것이며 그런 기준에 맞추기 위해 노력할 것이다.

- 또한 조직에서라면 그러한 행동이 조직에 어떤 기여를 했는지 명확히 피드백 해주는 것이 좋다. "자네의 아이디어가 생산량을 20%나 향상 시켰어. 고맙네."처럼.

피도 눈물도 없는 범고래를 조련사들이 순한 양으로 변하게 하여 훈련에 몰입시키는 것도 칭찬의 힘이라고 한다. 모두가 힘겹고 바쁘게 사는 처지에 돈 안 들이고 기운 나게 해줄 수 있는 것이 칭찬 아니겠는가!

업의 본질

음식점으로 성공하기 위해서는 '맛', '분위기', '서비스'에서 모두 손님에게 깊은 인상을 주어야 한다. 그중에서도 '맛'은 성공을 위한 핵심요소다. 왜냐하면 이 업음식업의 '본질'에 속하는 문제이기 때문이다. 장사가 안 된다고 내부 인테리어를 바꾸어 보고, 서비스를 조금 개선해봐야 '맛'의 문제가 해결되지 않는 한 손님이 몰려올 가능성은 희박하다.

서울 강남에는 봉은사라는 큰 사찰이 있다. 강남에 있다 보니 부자 신도가 많고, 덕분에 부자 사찰이긴 했지만 내분이 끊이지 않았고 불심이 없는 절이라는 평가를 받았다. 이에 2006년 새로 부임한 주지스님은 1000일 정진 기도를 제안한다. 봉은사의 모든 스님은 새벽 4시에 일어나 예불을 드리고 마당을 쓸고 발우공양을 했으며 하루 세 차례로 나누어 1000배를 올렸다. 이러는 중에 신도들의 신심도 높아져 100여 명 참여하던 일요 법회에 1000여 명이 참여하게 되었고, 신도 수는 5만 명이나 늘었으며 절도 더욱 부자가 되어 예산이 50%나 증가했다.

종교인의 본질은 수도修道다. 구도자求道者들이 있는 종교단체에는 사람들이 몰리게 마련이다. 이러한 본질을 잊어버리고 다른 방식으로 신도 수를 늘리려고 하면 역효과만 나는 것이다.

배우 김명민은 〈내사랑 내곁에〉라는 영화에서 루게릭병 환자 백종우 역을 열연했다. 그는 이 배역을 위해 20kg을 감량했다. 영화 속의 배역에 철저히 몰입하는 그는 "단순한 거예요. 강마에 역할드라마〈베토벤 바이러스〉을 잘하려면 뭘 해야겠어요. 천재 지휘자인데 지휘를 잘해야 할 거 아니에요. 그게 본질이잖아요. 백종우라는 배역의 본질은 하루하루 말라가는 종우의 몸이었어요. 정말로 그래야만 캐릭터가 입혀지고 연기가 가능해진다고 믿었어요."라고 말한다. 이렇게 배역의 본질에 대해 파악하고 실천하는 그의 방식이 지금의 위치로 그를 이끌었다.

조직에서 일의 본질은 '문제를 해결하는 것'이다. 문제 해결이라는 본질을 제쳐놓고, 다른 분야에서 아무리 탁월해야 조직의 핵심인재는 될 수 없다. 음식 맛도 좋은데 분위기와 서비스도 좋다면 금상첨화고, 일도 잘하면서 분위기 메이킹까지 하는 사람이라면 더 바랄 것이 없다. 그렇지만 '본질'이 빠져 버린다면 모든 것이 허사가 된다.

화가 라파엘로는 대단히 긍정적이고 외향적인 성격의 소유자였지만, 그의 동료 예술가인 미켈란젤로는 매우 부정적이고 내성적인 성격이었다. 극단적인 성격의 차이에도 불구하고 둘 다 역사적인 예술가로 남은 것은 화가의 본질인 그림 그리는 능력이 탁월했기 때문이다.

그런 면에서 혹독한 시집살이를 시켰지만 일의 본질을 각인시켜 준 나의 옛 상사 J임원은 본인도 성공했음은 물론 평생을 고맙게 생각하는 분으로 내 기억에 남게 된 것이고, 사람은 좋았지만 일의 본질을 외면했던 신입사원 시절의 S과장은 부하직원을 키워 주지도, 본인이 크지도 못한 것이다.

본질을 파악할 줄 아는 사람은 '통찰력'이 있는 사람이다. 또 본질에 합당하도록 행동하는 사람은 군더더기가 없는 사람이다.

질레트의 회장을 지낸 짐 킬츠는 『실행지능』에서 이렇게 말한다. "카리스마, 온화함, 동정심……. 이 모든 성격을 갖췄다면 참 훌륭하겠지요. 이런 자질 자체가 나쁘다는 뜻은 아닙니다. 실제로 바람직한 자질들이니까요. 하지만 올바른 답이 없는 상황에서 이런 자질만 가지고 있다면 아무 소용이 없습니다. 만일 여러분이 제게 '어떤 성격의 소유자이길 바랍니까?'라고 물으신다면, 저는 '카리스마 있는 사람이었으면 좋겠습니다'라고 대답할 것입니다. 하지만 제가 가장 바라는 것은 올바른 답을 아는 능력입니다. 아니면 올바른 답을 찾는 방법을 알든지요. 이 부분이 제일 중요합니다. 올바른 답을 알기 위해 특별히 카리스마가 넘쳐야 하거나 특정한 성격을 가져야 하는 것은 아닙니다. 사람들을 낭떠러지 아래로 떨어 뜨릴지 모르는 마당에 카리스마가 무슨 소용이겠어요. 우리는 카리스마 넘치고 호감도 높은 리더들이 그렇게 행동하는 경우를 무수히 봐 오지 않 았습니까?"

　조직에 몸담고 있는 사람은 일을 잘하는 사람으로서 평가받아야 한다. 사람 좋다는 평가에 만족하고 있다면 조직 생리의 '본질'을 잊고 있을 가 능성이 있다.

세계 최고의 직장 구글?

구글은 1998년 미국 스탠퍼드대학의 대학원생 페이지Lerry Page와 브린Sergey Brin이 공동으로 설립한 세계 최대의 인터넷 포털사이트다. 신문이나 잡지는 종종 구글 사에 관한 기사를 특집으로 다루면서 세계에서 연봉이 제일 높고, 가장 근무하기 좋은 회사로 소개를 하곤 한다.

구글의 근무환경 중 세인의 부러움을 사는 대표적인 것으로는, 근무 시간 중에 사내에 있는 시설에서 마사지를 받거나 운동을 할 수 있으며, 카페에서 동료와 담소를 나눌 수도, 미용실에서 머리를 손질할 수도 있다는 점이다. 그런가 하면 세계 일류 요리사들이 정성들여 만들어 주는 각 국가별 요리를 즐길 수 있다는 내용이다.

환상적이지 않은가! 일하는 건지 노는 건지 구분이 되지 않으면서도 세계 최고의 대접을 받고 있다니! 세상에는 참 별일도 많으니, 그런 희한한 회사도 있나 보다고 무심히 생각하다가 문득 궁금한 점들이 떠오르기 시작했다. '그렇다면 저 친구들은 도대체 언제 일하는 거야?'부터, '사람은 정말 저렇게 최고의 대접을 해 주면 그에 상응하는 최고의 성과를 창출해 내는 건가?', '저 정도 환경은 돼야 기막히고 창의적인 아이디어가 샘솟듯이 나오는 건가?' 등등.

주인 의식을 가지라는 말은 많이 들어 봤지만, 실제 주인처럼 대우해 주는 회사에서 근무해 본 기억은 없고, 나 또한 관리자로서 직원들에게 무한한 신뢰나 대우를 해준 적도 없는 것 같아 자괴감이 들었다. 그래서 좀 더 조사해보니 구글의 실상은 신문과 잡지에서 소개한 것만이 전부가 아니었다. 그 내용은 대체로 다음과 같다.

- 주어진 일은 정해진 시간 안에 끝마쳐야 하고
- 팀에서 자신의 몫을 반드시 해내야 하며
- 비록 후배 사원이라도 뛰어난 능력이 있다면 얼마든지 치고 올라갈 수 있을 정도로 나이와 연차는 고려 사항이 아니고
- 동료 평가제를 운영하여 분기(3달)에 1번씩 같이 일하는 동료들의 평가를 받아야 하고
- 결국은 '능력과 머리싸움'이며
- 그러다 보니 이러한 환경의 스트레스를 못 견뎌 그만두는 직원도 상당수.

어떤가? 세상의 원리는 크게 다를 것이 없다. 변화가 빠르고 경쟁이 극

심한 오늘날의 환경 속에서 노력하지 않고 이길 수 있는 특별한 방법이 있다고 생각하는가?

2003년, 어린이날 제정 80주년을 기념하여 특별 이벤트로 〈학교종(이 땡땡땡)〉을 작곡한 김메리 여사를 미국에서 어렵게 찾아 모신 적이 있다. 〈학교종(이 땡땡땡)〉은 우리 국민 모두가 알고 있는, 학교에 입학하면 제일 처음 배우는 동요다. '이런 곡을 작곡하신 분이라면 인생도 얼마나 아름답고 순수한 마음으로 바라보실까?' 기자는 아마도 그렇게 생각했나 보다. 그래서 이 분께서 생각하는 인생이란 어떤 것인지를 물었다. 해방직후 미국으로 가셨기 때문에 우리말이 서툰 그 분은 "Life is Fighting"인생은 투쟁이라고 정의를 내리셨다. 그 말씀이 늘 내 머리 속을 맴돈다. 세계적인 역사학자인 토인비도 그렇게 말하지 않았던가! "역사는 도전에 대한 응전"이라고.

우리 삶은 언제 어디서나 그렇게 녹록하지 않다. 인생이 달콤하리라 기대하는 것보다는 본질이 이렇게 만만치 않다는 것을 지각하는 것이 바람직한 태도라 생각한다. 그런데 요즘은 이러한 인생의 본질을 있는 그대로 이야기해 주기를 꺼리는 풍토가 된 것 같다. 그러니 구글을 소개하면서도 반쪽만 소개하는 것 아닌가. 좋아하는 일, 하고 싶은 일을 하는 것도 중요하지만 참고 인내하는 것의 중요성도 같이 강조할 일이다.

부처님께서도 '인생의 본질은 고(苦)'라고 하셨다. 우리도 여기서부터 인생을 바라보고 시작해야 맞지 않나 생각한다.

스트레스 관리
더 빠르고 더 강하게

『초우량 기업의 조건』의 저자이며 세계적인 비즈니스 컨설턴트인 톰 피터스는 혁신의 실행과 기업의 운영에 대해서 'Ready! Fire, Aim' 준비! 발사, 조준이라는 신조어를 만들어 냈다. 자세히 보면 무언가 조금 이상하다는 것을 느끼게 된다. 조준도 하기 전에 쏜다? 이것은 실행이 무엇보다 중요하다는 것을 강조하는 측면도 있지만, 우리가 살고 있는 환경이 조준하고 쏠 만큼의 여유도 없을 만큼 정신없이 돌아가고 있다는 뜻이기도 하다.

이 말의 원조는 어쩌면 톰 피터스가 아닐 수도 있다. 늘 싸웠다하면 이기는 나폴레옹에게 극히 혼란스러운 전투에서 전략을 어떻게 짜느냐는 질문을 하자, "나는 일단 행동하고 나서 본다We engage and see."는 대답을 했다고 한다.

우리를 둘러싼 환경은 총·칼만 들지 않았을 뿐 전시 상황과 다를 바 없다. 개인·기업·국가 간에 생존을 건 전투가 벌어지고 있는 것이다. 그래서 군사용어인 전략戰略이라는 말이 일상에서 너무도 자연스럽게 쓰이는 것 아니겠는가!

큰 기업이라고 해서 작은 기업을 항상 이기는 것은 아니지만, 빠른 기업은 느린 기업을 반드시 이기게 되어 있다. 그러니 경쟁의 여러 요소 중 '스피드'가 가장 중요하게 부각되고 있는 것이다. 모든 기업의 개발 기간은 수년 전과 비교해도 거의 반으로 줄어들었다. 웬만한 기업들은 예산과 전략을 분기별로 수정하는 것이 일상화되고 있고, 세계 휴대폰 시장도 신제품·신기술 개발 기간을 누가 더 단축시키느냐에 따라 운명이 바뀌고 있다. 안타깝지만 생존 경쟁이 이루어지고 있는 현장에서 느린 것은 결코 미덕이 되지 못한다. 전쟁터에서 느리다고 하는 것이 무슨 칭찬할 요소가 되겠는가!

스피드를 요구하는 곳에서는 반드시 스트레스가 따라오게 마련이다. 그래서 요즘 핵심인재가 갖추어야 할 역량 중에는 '스트레스에 대한 내성'이라는 항목이 들어간다. 스트레스에 대한 내성을 갖춘다는 것은 간단히 말해 '강해진다'는 뜻이다. 마이클 펠프스는 2008 베이징 올림픽에서 금메달을 8개나 획득했다. 여러 날 진행되는 올림픽 경기의 일정을 소화하면서 훌륭한 성적도 내는 것을 보고, 그 정도라면 스트레스를 견디는 정도가 아니라 초월한 것이란 생각을 하기도 했다. 전 중국인의 기대를 받았지만 스트레스를 극복하지 못하고 육상 경기장을 빠져나간 류시앙의 모습을 우리는 보지 않았는가! 김연아나 박태환의 경우 실력도 실력이지만 이러한 스트레스에 대한 내성을 기본적으로 갖추고 있다고 보아야 할 것이다.

그렇지만 우리의 성향이 대체로 빠른 것에는 유능하나 이를 지속해내는 내구성은 아직 충분히 갖추고 있지 못하다는 생각이 들곤 한다. 해외 명문대에 진학한 한국 학생들의 중도 탈락률이 50%에 가깝고, 이러한 수치는 모든 국가 중에서 가장 높은 수치라는 뉴스가 있었다. 최근 한·중·일 청소년의 체력을 비교한 결과 우리나라가 가장 약했다는 보도도 있다. 이는 어쩌면 수출은 잘하고 있으나 시간이 걸리는 기초 연구부문이나 원천적 기술에 취약한 우리의 모습과도 연관이 있는 것 같아 마음이 개운치 않다.

우리는 놀라운 스피드로 여러 분야에서 개가를 올렸고, 이에 놀란 서양의 학자들이 'Ready! Fire, Aim'을 외치고 있다면 우리는 이제 숨을 고르면서 내실을 다져야 할 때가 아닌가 싶다. 그것이 우리가 진정으로 강해지는 일이다.

BRAND-YOU

　브랜드는 한 번 상품을 사용한 후에 다시 찾게 만드는 '힘'이다. 신조어의 대가인 톰 피터스는 브랜드의 개념을 사람에 적용시켰다. 자기 자신을 브랜드화 하는 것이 성공으로 가는 길이라는 것이다. 같은 개념으로 우리는 '통通'이라는 말을 써왔다. 통이란 어디 어디에 정통한 사람이라는 뜻이다. "저 사람은 기획통이야."하면 기획에 정통한 사람이라는 뜻이고, "저 사람은 외교통이야."하면 외교 분야에 정통한 사람이라는 뜻이 된다.

　누군가를 떠올릴 때, 그 사람이 어떤 분야에 탁월하다는 생각이 같이 떠올라야 한다. 중년이 되어서도 이런 영역을 구축하지 못하고 있다면 입지에 어려움을 겪게 된다. 30대까지는 성실함으로, 혹은 어떤 일을 맡겨도 무난하게 처리해내는 능력으로 얼마든지 선호하는 인재로 각광받을 수 있지만 40대 이후는 그렇지 않다.

자기의 영역을 구축한 사람은 중년 이후 더욱 바쁜 삶을 살게 된다. 나이에 걸맞은 연륜을 인정받아 몸값은 더욱 비싸진다. 그렇지 못한 사람의 삶은 점점 어려움을 겪게 된다. 아무나로 대체될 수 있는, 부가가치가 적은 영역에서 전쟁 같은 삶을 살아야 한다.

어느 핵발전소에 문제가 발생했다. 발전소의 엔지니어들이 온갖 노력을 다해봤지만 문제가 무엇인지 찾아내지 못했다. 그래서 이 분야의 최고 컨설턴트 한 명을 초빙해 진단을 받았다. 컨설턴트는 이틀 동안 여기저기를 둘러보고, 통제실에 있는 다이얼과 계기판을 체크하며 기록하고, 때론 계산을 하기도 했다. 마침내 그는 주머니에서 검은 매직을 꺼내 한 기계에 ×자를 그었다. 엔지니어들은 그가 표시한 장치를 분해해 그 장치가 문제였음을 확인했다. 곧 교체가 이뤄졌고 발전소는 다시 정상적으로 가동되었다. 1주일 후 발전소장은 컨설턴트로부터 컨설팅 비용으로 1만 달러가 적힌 청구서를 받았다. 소장은 수십억 달러짜리 설비에 문제가 생겨 엄청난 손실이 생긴 것을 고치긴 했지만 그래도 청구액의 규모가 커서 놀랐다. 소장은 곰곰이 컨설턴트가 한 일을 따져 보았다. 그는 이틀 동안 어슬렁거리다 기계 하나에 검은 글씨로 ×자를 써놓은 것밖에는 한 일이 없었다. 그렇게 간단한 일을 해놓고 1만 달러를 청구하다니, 아무리 생각해도 그건 너무 지나친 것처럼 보였다. 소장은 컨설턴트에게 편지를 썼다. "당신의 청구액을 항목별로 분류해서 명기해주실 수 없을까요? 제가 보기에 당신이 한 일이라곤 한 기계에 ×자를 써놓은 것, 딱 하나밖에 없습니다. 이 정도의 일에 1만 달러를 지불하라는 건 너무 과한 것 같은데요." 며칠 후 소장은 컨설턴트로부터 새 청구서를 받았다. 내용인즉, '기계에 ×자를 쓴 데 1달러, 어떤 기계에 ×자를 써야 할지 찾아낸 데 9,999달러'였다. (『한가지로 승부하라』, 21세기북스)

'브랜드' 혹은 '통'이 되는 것을 꼭 거창하게 생각할 필요는 없다. 모든 직업 속에 이러한 영역은 늘 존재하고 시대가 변하면서 새로 나타나기도 한다. TV 프로그램 〈생활의 달인〉에는 작은 조직에서 일하지만 자신만의 영역을 탄탄히 구축한 사람들의 모습을 보여준다. 어떤 구조조정 속에서도 최후까지 남을 사람들인 것이다.

아직도 그런 영역을 갖지 못했다고 후회하고 포기하지는 말자. 독특한 창법으로 음악회를 열었다 하면 뉴욕이고 한국이고 매진 사례를 빚고 있는 음악인 장사익 또한 마흔 중반까지 열댓 가지 직업을 전전했다. '죽을힘을 다해 하고 싶은 일을 해보자'는 각오로 3년 동안 미친 듯이 몰입했더니 인생이 바뀌었다. 평소 좋아하던 태평소로 전주대사습놀이에서 장원을 한 것이다. 지금 그는 자신만의 독특한 브랜드를 구축하는 데 성공했다.

중년의 나이가 지나서 새로운 영역을 개척하는 것은 이제 전혀 화제가 되지 않는다. 3년 정도 몰입만 하면 어떤 분야의 전문가가 될 수 있고 새로운 인생을 살 수 있다는 확신은 늘 나를 절망에서 구해주는 한 줄기 빛이다. '이건 아닌데…'라는 생각이 들 때, 나는 이렇게 삶을 전환할 것이다.

결국 내가 갖고 있는 밀가루로
빵을 만들 수밖에

강의를 하는 일은 내게 잘 맞는다. 책을 읽는 것도, 그것을 파워포인트로 작업하는 과정도, 강의장을 향해 운전하는 것도, 연수원 등에서 며칠 머무는 것도 모두 즐겁다. 즐거운 일이니 잘할 수 있다는 자신감이 있다. 그럼에도 불구하고 가끔씩 다른 세계를 기웃거릴 때가 있다. 마치 내가 훨씬 더 잘할 수 있는 일이 어딘가에 있을 것 같고, 엄청난 기회가 도사리고 있을 것 같은 생각으로.

"당신이 가지고 있는 밀가루로 빵을 구울 수밖에 없다."는 말이 있다. 내가 가지고 있는 것이 무엇인지 살펴보는 것이 중요하다. 재료도 없이 남이 만든 케이크를 흉내 내고 부러워해서는 안 된다. 하고 싶은 일과 할 수 있는 일을 구분할 줄 알아야 한다. 나의 경우, 조직에서 여러 사람과 어울려 개인으로서는 엄두도 내지 못할 큰 프로젝트를 완성해 나가는 것도 멋있고 보람 있는 일이었지만, 돌이켜보면 나에게 맞는 요소보다 맞지 않는 요소가 더 많았다. 그렇지만 불과 얼마 전까지만 해도 나에게 그런 기회나 제의가 있었다면 그 쪽을 선택했을 가능성이 높다. 단지 하고 싶다는 이유만으로. 그러니 상당한 경험이 있어도 자기가 잘 할 수 있는 일, 하고 싶은 일을 구분하여 선택한다는 것은 쉽지만은 않은 일이다.

기회를 극대화하고 싶다면 현재 하고 있는 일에서 찾아야 한다. 그런 면에서 '한 길을 가는 것'은 여전히 중요한 성공의 덕목이다. '투잡스two jobs'라는 말이 유행하고 많은 사람들이 부업거리를 찾지만 이렇게 해서 성공한 예는 확실히 드물다. 세상은 비슷비슷한 상품, 대체제가 많은 아이템에 큰 대가를 지불하려 하지 않는다. 탁월하기 위해서는 한 곳에 집중해야 한다.

다른 곳을 기웃거리게 되는 이유 중 하나는 지금 하고 있는 분야에서 한계에 부딪혔기 때문이다. 하지만 그 한계란 어느 분야에나 있는 것이고, 넘어야만 하는 산이다. 경쟁력은 그 산을 넘었을 때 생긴다. 그 산을 넘지 않고 다른 곳을 기웃거리는 것은 결국 어려움에 대한 회피다. 어려움이 올 때마다 우회하고 피해가는 방법으로는 세상의 어떤 일도 이루지 못한다.

'새벽이 오기 전이 가장 어둡다. The darkest hour is just before the dawn.'고 한다. 어려움과 한계에 부딪쳤을 때가 성공에 가장 가까이 간 시점이 아닐까? 그때가 경쟁자들이 모두 떨어져 나가는 시점일 수 있다. 한번 돌아보라, 내가 이루어 놓은 이 시점까지 새로 시작하는 사람이 오기 위해서는 얼마나 많은 시간과 노력, 비용이 들 것인가를.

나를 찾는 여정

미국에서 잘 나가는 사업 중에 'Vocation Vacation'이라는 것이 있다. 휴가기간에 평소 원하던 직업을 체험해 본다는 개념이다. 하고 싶은 일을 직업으로 갖고 사는 사람도 있지만, 너무나도 하고 싶은 일을 그저 꿈으로만 간직하고 사는 사람들도 있다. 꿈이 간절할수록 현실에는 불만이 커지기 마련이지만, 생계와 관련된 일상에 쫓기다 보면 또 어느새 포기하고 마는 자신을 발견하게 된다.

이러한 사람들을 위해 만들어진 것으로 평소 요리사를 꿈꾸었다면 식당의 주방에서, 목수를 꿈꿨다면 목공소의 작업장에서 일에 대한 체험을 해본다. 직접 해보고 나면 그것이 포기할 수 없는 일인지, 막연히 꿈꿔왔던 일인지에 대해 스스로 결론을 내리게 된다. 미국의 경우 이런 체험을 한 후에 70% 이상이 전직을, 나머지는 자신이 하던 일로 돌아간다고 한다. 하던 일로 복귀해도 손해 볼 것은 없다. 타 업종에 대한 환상을 버리고 지금 하고 있는 일에 최선을 다하게 될 테니까.

어떤 일을 미리 체험해보는 것은 사회적으로도 매우 의미 있는 일이다. 퇴직한 사람 중에 무모하게 사업에 뛰어들어 평생 모은 재산을 날려버리는 경우가 많다. 이는 사전에 하고자 하는 일에 대해 연구하고 경험해 볼 기회가 없기 때문이다. 조그만 치킨 가게를 해보려 해도 주변에 경험자가 없다면 물어볼 곳조차 없다. (프랜차이즈 회사야 좋은 이야기만 해 줄 것이고…) 설사 지인이 있다 해도 말로 전달받는 데는 한계가 있다.

제일 좋은 방법은 일주일, 한 달이라도 직접 체험해 보는 것이다. 직접 해보면 적성에 맞는지, 생각지도 않은 암초는 없는지, 체력적으로는 감당이 되는지 등 구체적인 사항에 대해 알게 된다. 무모한 도전으로 경제적 파탄에 이르는 것을 미연에 방지한다는 의미에서 이는 간접적인 사회보장제도의 역할도 한다.

이것은 어린이나 청소년에게도 유효한 프로그램이 될 수 있다. 장래의 희망하는 직업에 대해 구체적으로 하는 일이 무엇인지 체험하게 해줄수 있다. 연예인에 대한 환상을 갖고 있는 청소년들에게 성공에 이르는 과정과 어려움을 정확히 인식시켜 줄 수 있다.

미국에서는 직업체험과 더불어 '멘토'를 만나게 해주는 역할도 겸하고 있다. 작가 지망생에게는 평소 만나고 싶었던 작가를, 운동으로 성공하고자 하는 사람에게는 그 분야의 성공인을 연결시켜 주는 것이다. 얼마 전 몇몇 대학이 소외 계층의 자녀들과 대학생을 연결시켜 준 것은 좋은 사례라 할 수 있다. 이것을 확장하면 우리 사회의 '소통'에도 기여할 수 있다는 생각이 든다.

"듣는 것은 보는 것만 못하며, 보는 것은 아는 것만 못하고, 아는 것은 행하는 것만 못하다聞之不若見之, 見之不若知之, 知之不若行之."라는 말이 있다. 최상의 교육은 경험하고 체험하는 것이다.

꿈을 가슴에만 간직하고 사는 것도 때론 고통이다. 실제로 해보면 그 길이야 말로 내가 가야 할 길인지, 막연한 환상이었는지를 깨달을 수 있다. 자신을 찾아가는 방법을 언급해본다면 다음과 같다.

- **자신의 강점과 약점을 분석해 본다**: 능숙하게 처리할 수 있는 일과 그렇지 못한 일을 분석하고, 이를 통해 자신이 어떤 재능을 갖고 있는지 파악한다.

- **다양한 경험을 쌓는다**: 우리는 경험을 통하고 다른 사람들과의 관계 속에서 나를 발견하게 된다. 생각으로만, 혼자서만은 사회적 동물인 자신을 온전히 알지 못한다. 새로운 경험을 쌓으면서 스스로 좋아하는 일을 찾아나가야 한다.

• **상담을 받아 본다**: 심리테스트나 MBTI 질문에 답을 할 때, 자기가 자신을 가장 잘 안다고 생각하겠지만 실제는 그렇지 않다. 개인적인 성향의 질문에 대해서도 관찰자의 말이 정확할 때가 많다. 다른 사람의 시각을 들어보면 스스로 인지하지 못했던 자신의 강점과 가능성을 찾을 수 있다.

자신을 찾는 일 또한 수없는 시도를 통해서 가능하다. 실패하더라도 경험을 통해 배우면서 자신의 재능과 가능성을 발견할 수 있다.

결론은 실행

　진리란 대단한 학자들만이 이해할 수 있을 정도로 복잡한 것이 아니고, 우리 인간의 능력에 큰 차이는 없다. 모든 것은 실행에 달렸다. 성공의 공식은 '지력Inteligence × 자원Resource × 추진력Drive'이라고 하던데 지력과 자원에서는 개인차가 크지 않다. 결국 추진력에서 판가름이 난다는 말이다. 학창 시절 똑똑했던 친구들이 사회에 나와서 실패하고, 멍청해 보였던 친구가 성공한 것에 궁금증을 느껴 내가 연구한 결론은 '시도를 누가 더 많이 했느냐가 성공과 실패를 가른다'는 것이었다.

　중국 당나라에 도림 선사라는 이름난 고승이 있었다. 자사刺史 벼슬에 있던 백거이白居易가 진망산에 큰 스님이 계시다는 소문을 듣고 찾아와

"무엇이 부처님의 가르침입니까?"하고 질문하였다. 이에 "모든 악한 일을 행하지 말고, 모든 선한 일을 받들어 행하는 것입니다."라고 답하자, "그 정도의 말은 세 살 난 아이들도 알고 있습니다."라고 대꾸했다. 이에 선사가 "세 살 난 아이도 알고 있지만, 여든의 노인도 이 말을 실천하기는 어려운 것입니다."라고 대답했다는 유명한 일화가 전해져 온다.

넛산 자동차를 다시 일으켜 세운 카를로스 곤 사장은 "실행이 곧 전부다. 이것이 나의 지론이다. 아이디어는 과제 극복의 5%에 불과하다. 아이디어의 좋고 나쁨은 어떻게 실행하느냐에 따라 결정이 된다고 해도 과언이 아니다."라고 했다. 앞서 언급한 나폴레옹이 "움직이면서 전략을 짠다."고 한 대답과 같은 맥락이다.

예일대의 찰스 린드블롬 교수 또한 최근의 우리를 둘러싼 환경의 변화와 관련하여 "현실의 복잡성을 완벽하게 분석하는 것은 사실상 불가능하다. 이 때문에 주어진 정보와 처한 상황에 맞춰 최상의 결정을 하고 실행하면서 고쳐 나가는 것이 효과적인 방법이다."라고 한다.

영국의 극작가 버나드 쇼의 묘비에 적힌 "우물쭈물하다 내 이럴 줄 알았다. I knew if I stayed around long enough, something like this would happen."는 갈등만 하고 실행하지 못하는 우리의 모습을 직설적으로 표현한 것 같아 가슴에 와 닿는다.

계획을 세우는 것은 중요한 일이다. 그렇지만 많은 경험을 해 본 사람은 이 계획이란 것이 실행과정에서 얼마나 자주 바뀌고 달라질 수 있는지도 알고 있다. 머리만으로는 살 수 없는 세상이다.

평생 한 번도 지지 않았다는 미야모토 무사시도 승부에 임하는 첫 번째 마음가짐으로 '머뭇거리지 마라'를 들었다. 머뭇거리는 순간 타이밍을 빼앗기고 상대의 칼은 내 심장을 지나간다.

생각과 행동 간에는 묘한 반비례의 원리가 있다. 생각을 많이 하는 사람은 실행력이 떨어지는 것이 그것이요, 생각을 많이 하면 오히려 두려움이 더해지는 경우가 그것이다. 실행을 위해서는 때론 생각을 줄여야 할 필요가 있다. 그래서 가장 심플하면서 가슴에 와 닿는 구호가 'Just Do It!'이다.

매너리즘
서서히 죽어가는 것

매너리즘이란 16세기 말부터 17세기 초 바로크 미술이 부상하기 전까지 이탈리아를 중심으로 유럽에 확산 되었던 미술의 경향을 일컫는 말이다. 미켈란젤로 이후의 화가들이 르네상스 양식의 겉만 모방한 결과, 르네상스의 균형과 이상미가 사라지고 왜곡과 과장이 형식화되었다는 부정적인 시각을 담고 있는 말로 쓰이게 되었다.

늘 만나던 사람만 만나고 하던 일을 같은 방식으로 되풀이 하며 주어진 일만 마지못해 처리할 때, 우리는 매너리즘에 빠졌다고 말한다. 이는 얼핏 보면 안정돼 보이지만 사실은 가장 위험한 상황이기도 하다. 천안함 사태가 났을 때 대통령은 "분단된 지 60년이 되다 보니 군도 매너리즘에 빠진 것 같다."고 말씀하셨다. 이렇게 매너리즘에 빠진 군은 적을 불러들이고, 매너리즘에 빠진 예술가는 한 물 갔다는 평가를 받으며, 매너리즘에 빠진 직원은 조직의 경쟁력을 떨어트린다.

매너리즘에 빠지는 원인은 무엇일까? 첫째는 외부의 자극이 사라졌기 때문이다. 60년 동안 적의 직접적인 침입이 없었는데 오늘이라고 특별히 긴장할 이유가 없었던 것이다. 인간이란 외부의 자극 없이 스스로 일신우일신日新又日新 하기란 쉽지 않다. 〈나는 가수다〉에 출연한 기성 가수들이 하나 같이 이번 기회를 통해 '타성'에서 벗어나게 되었다는 말을 했다. 경쟁의 틀 속에 들어와 새로운 자극을 받은 것이다. 그러나 위험과 자극이 목전에 느껴져서야 변화하는 사람은 일류라고 할 수 없다. 세상은 늘 변화하고 있고 위기는 도처에 깔려 있다. 눈에 보이고 손에 만져지는 것만이 아닌 스스로 예지하는 자극에 의해 행동할 수 있어야 한다.

매너리즘에 빠지는 또 다른 원인은 목표를 잃었을 때이다. 그래서 많은 경우 성공 직후에 매너리즘에 빠지며 다시 실패의 나락으로 떨어지곤 한다. 노키아의 경우도 마찬가지다. 스마트폰이 부상하고 있음에도 불구하고 자신들의 결정이 세계 표준이 될 것이라는 자만심으로 일관하였기 때문에 끝없는 추락을 한 것이다. 집권 후 구심점과 응집력을 잃게 되는 정당, 업계의 선두에 도달해서는 방심하는 기업, 유명해진 후에는 예전의 히트곡과 창법에 안주하는 가수 등 모두 같은 맥락이라 할 수 있다. 얼마 전 외국의 명문 대학에 입학한 한국 학생들의 낙제율이 제일 높은 것이 입학 후 인생에 대한 뚜렷한 목표가 없기 때문이라는 보도도 있었다.

매너리즘에서 벗어나는 방법은 초심으로 돌아가는 것이다. 스님이 되어 처음 배우는 경전인 『초발심자경문』에는 "처음 먹은 마음이 곧 깨닫는 마음이다初發心便正覺."라는 글귀가 제일 먼저 나온다. 초심의 중요성을 말하고 있는 것이다. 정치인이 유권자에게 표를 구할 때의 마음으로, 과장이나 부장이 회사에 입사하기 위해 보여 주었던 신입사원의 열의로 돌아간다면 이것이 이상적인 자세라는 말이다.

다음은 자극을 주는 환경에 노출되어야 한다. 그것은 다름 아닌 위기감을 스스로 조성하는 것이다. 조직의 차원에서는 현재의 목표와 성과 간의 격차를 강조한다든가 고객 불만, 경쟁상황 등을 조직원에게 계속하여 주지하는 것 등이 한 방법이다. 개인적으로는 성공한 사람, 자기계발에 열심인 사람 등 다양한 사람을 만나며 자극을 받도록 노력해야 한다. 공부하려는 학생이 몸을 일단 도서관으로 옮겨 놓는 것과 같은 원리다.

매너리즘에 빠져 드는 것은 마치 우리 몸의 간이 손상되어 가는 것과 같다. 결정적인 순간이 오기까지는 그 위험을 감지하기 어렵다. 빨리 빠져 나오는 것만이 살아남는 유일한 방법이다.

당신의 몸값

이 세상을 다 주어도 바꿀 수 없는 것이 사람의 목숨이다. 사람의 목숨뿐만 아니라 살아 있는 생명체는 모두 소중하다. 불교에서는 사람과 새를 저울에 달아 보면 그 생명의 무게가 같다고 했고 유대교에서는 한 사람의 생명과 세상의 무게가 균형을 이룬다고 했다. 그렇지만 현실은 어떤가! 미국의 9.11 테러 희생자 2,880명에 대한 보상금이 지급 되었는데 640만 달러에서 25만 달러에 이르기까지 각각 다른 몸값이 책정 되었다. 타이타닉 호가 침몰했을 때도 1등실 승객은 37%, 2등실 승객은 57%, 3등실 승객은 75%가 사망했다고 하니 여기에서도 몸값이 다르게 적용되었다고 볼 수 있다.

종교와 철학, 도덕과 윤리는 우리의 목숨이 모두 경중 없이 소중하다고 이야기 하지만 현실은 그렇지 않다. 우리의 소중함은 냉정하게 돈으로 평가 받는 게 현실이다. 이러한 각도에서 세상을 바라보면, 우리의 노력이란 대부분 몸값을 올리기 위한 몸부림처럼 보인다. 좋은 대학 좋은 직장에 들어가려는 것, 자격증을 따서 전문가가 되려는 것, 연봉을 올리거나 수입을 올리려는 모든 행위 또한 그렇게 해석할 수 있다.

노예제도가 사라진 것도 인간에 대한 존엄성이 부각 되어서가 아니라 경제적 이유라는 것이 학자들의 분석이다. 전쟁이나 질병 등으로 인구 밀도가 적어지면 노예제가 부활 되었다가 생산성과 인구 밀도가 높아지면 다시 임금제로 전환하는 것이 되풀이되었기 때문이다. 비용이 적게 드는 방법을 취한 것이다.

그렇다면 우리의 몸값은 어떻게 결정이 되는가? 당연히 사용자의 요구에 얼마나 기여 하느냐에 달려 있다. 의사와 청소부가 병원에 기여하는 것은 다를 것이며, 유능한 펀드 관리자와 경비원의 조직에 대한 공헌은 분명히 다를 것이다. 여기에 더하여 수요와 공급 법칙의 영향을 받는다. 의대 졸업생이 적으면 의사의 몸값은 올라갈 것이며 졸업생 수가 많아지면 시간이 지나면서 몸값은 다시 내려갈 것이다.

불행하게도 이렇게 몸값을 좌우하는 요소 중 많은 부분이 이미 결정이 되었다. 필리핀 노동자가 갑자기 국적과 피부색을 바꿀 수도 없을 것이며, 처자식까지 있는 몸으로 다시 좋은 대학을 가기 위해 입시 준비를 할 수도 없다. 그렇다면 희망의 빛은 정녕 없는 것인가? '몰입'의 창시자인 세계적인 학자 칙센트 미하이 교수는 다음과 같이 조언한다. "누군가가 상황이 요구하는 수준 이상으로 관심을 기울이면 대수롭지 않은 사건이 우리의 삶을 뒤바꾸는 중대한 발견으로 바뀐다."

어떤 자격증, 어떤 직업이 수입을 보장해 주던 시대는 지났다. 이제는 어떤 업종에 속해 있든 상위 몇 퍼센트에 속하느냐가 성공의 관건이다. 호텔 청소부로 들어 왔다가 신지식인으로 선정 된 사례, 남다르게 호떡을 만들다 전국 체인으로 성장한 사례, 커피숍을 남다르게 운영하다 본토 뉴욕까지 진출한 사례 등이 모두 평범한 일을 '상황이 요구하는 수준 이상으로 관심을 기울이면서' 일어난 결과들이다.

현명한 리더들의 특징은 자기가 통제할 수 있는 부분에 집중한다. 이들은 자기가 통제할 수 없는 세계 경제의 문제라든가 국가 정치의 문제에 대하여 언성을 높이며 에너지를 낭비하지 않는다.

일본전산의 나가모리 시게노부 회장은 "신발 정리 하는 일을 맡았다면, 신발 정리를 세계에서 제일 잘 할 수 있는 사람이 되어라. 그렇게 된다면 누구도 당신을 신발 정리만 하는 심부름꾼으로 놔두지 않을 것이다."라고 했다. 때론 사소한 것에 목숨을 걸어 보자. 반드시 당신을 비싸게 사 줄 귀인이 나타날 것이다.

못난 의지를 탓하지 말고 상황을 만들어라

식당에서는 강호동이 오건 김연아가 오건 같은 분량의 1인분을 내어 놓는다. 사람의 몸무게나 덩치를 감안하여 음식을 내놓지 않는다는 이야기다. 경우에 따라서 양을 추가 하는 사람도 있고 조금 남기는 사람도 있긴 하지만 대부분은 내어 놓은 양을 비우는 것으로 한 끼 식사를 마친다. 이렇게 우리는 의식하지 않는 가운데 상황의 영향을 받는다.

코넬 대학의 브라이언 원싱크는 극장에 들어가는 사람들에게 팝콘을 나누어 주고 위와 같은 실험을 했다. 용기의 크기를 달리하여 나누어 주고 영화가 끝난 후 얼마만큼을 비웠는지 체크해 보는 것이었는데 큰 용기를 받은 사람들이 중형 용기를 받은 사람들보다 53%나 더 많은 팝콘을 먹었다고 한다. 그러니 다이어트를 하려면 내 의지를 탓할 것이 아니라 밥그릇의 크기를 먼저 줄이는 것이 우선이다.

집에서 공부가 잘 되지 않을 때는 도서관으로 장소를 옮겨야 한다. 도서관에 자리를 잡고 앉는 순간 저절로 책을 펴고 공부를 하게 될 가능성이 거의 100% 아니겠는가. 인터넷과 텔레비전, 언제라도 누울 수 있는 침대가 있는 환경에서 자신의 의지를 시험하며 자책을 하는 것보다는 이렇게 장소를 옮기는 것이 현명한 방법이다.

꼭 이루어야 할 무엇이 있다면 상황을 극적으로 설계해 놓을 필요가 있다. 안철수 교수는 공부해야 할 것이 있는 경우, 그 분야에 대해서 글을 쓰겠다고 잡지사에 먼저 약속을 해 놓기도 했다고 한다. 약속된 날짜에 원고를 주기 위해서는 공부를 안 할 수 없기 때문이다.

베트남 전쟁에 참전했던 미군 중 거의 절반에 가까운 병사가 마약을 했고 이 중 20%는 중독자가 되었다. 정부 관리들은 이들이 귀환하게 되면 마약 중독으로 많은 문제를 일으킬 것으로 우려 했지만 사회로 돌아 와서는 고작 1%의 군인만이 중독 상태에 있었다. 이유는 무엇일까? 그것은 전쟁과 군대라는 환경과 연인, 부모님, 친구들의 따뜻함과 기대가 있는 민간 환경의 차이에서 비롯된 것이다. 환경이란 이렇게 우리도 모르게 악의 구렁텅이로, 때론 우리를 광명의 세계로 인도한다.

핸드폰과 인터넷은 집중하여 무언가를 하는 데 가장 방해가 되는 것들이다. 몰입하여 무언가를 해야 한다면 이들을 꺼 놓거나 이들이 없는 환경으로 이동해야 한다. 관계에서 문제가 지속적으로 생긴다면 전혀 다른 환경에서 만나보고 이야기 해 보는 것이 의외의 해결책이 될 수 있다.

성공한 변화의 36%는 새로운 장소로의 이동과 관련이 있었다고 한다. 변화를 꿈꾼다면 환경을 먼저 바꿀 것을 고민해 보는 것이 빠른 길이다.

잘못된 전략이라도 제대로 실행만 하면 반드시 성공할 수 있다.
반면, 뛰어난 전략이라도 제대로 실행하지 못하면 반드시 실패한다.

– 스콧 맥닐리

제2부

임계점을 넘기 위한
기초체력 갖추기

목표에 대한 소고

목표에 대한 설명을 할 때 자주 인용되는 이야기가 있다. 예일대의 연구에 따르면, 어느 해 졸업생 중에서 목표가 분명하고 이를 종이에 적을 수 있었던 사람은 3%에 불과했다. 그리고 몇 십 년이 지나 이 사람들의 행적을 조사해보니 대체로 원하는 목표를 이루었고, 이들이 가진 재산이 나머지 97%의 재산을 합한 것보다 많았다는 것이다. 그러니 목표를 가지고 사는 사람과 그렇지 않은 사람의 삶은 현격한 차이가 날 수밖에 없다는 주장이다.

그러나 위의 이야기를 다시 짚어보자. 예일대라면 미국에서도 최고의 학생들이 가는 아이비리그의 명문이다. 그렇게 똑똑한 사람들도 3% 밖에 계획을 세우지 않았다는 사실이 더 놀랍지 않은가? 그렇게 뛰어난 사람들도 잘하지 못하는 목표 세우기를 평범한 보통사람에게 강요하다시피 하는 것이 과연 옳은가?

성공을 이야기하는 사람들은 의례 이런 논리를 들이댄다. 목표를 갖고 있지 않다는 이유만으로 사람을 주눅 들게 하고, 생각 없는 사람처럼 만든다. 목표가 없으면 잘살고 있지 못한 걸까? 비전이나 사업계획이 없는 기업이나 조직은 상상할 수 없지만, 개인의 경우도 반드시 그럴까?

목표에 대한 오해

'목표'하면 우리는 일단 거창한 것을 떠올린다. 초등학교 때 대통령이나 판·검사, 의사가 되겠다고 말한 것처럼 말이다. 그러니 목표라는 것은 그럴듯해 보이고 원대한 그 무엇이어야 할 것 같은 생각이다. 그러나 대학을 졸업하고, 혹은 중년이 되어가는 사람들에게 이러한 목표가 현실적일 리 없다. 그러니 목표라는 말을 지금 꾸고 있는 '꿈' 정도로 바꾸는 것은 어떨까?

사람마다 동기부여 되는 방식이 다르다

목표를 세웠을 때 동기부여가 더 잘되는 사람이 있다. 고(故) 김영삼 대통령처럼 중학교 때부터 미래의 대통령을 꿈꾼 경우다. 그렇지만 어떤 사람들은 목표가 스트레스가 되어 자발적 동기를 오히려 방해하는 요소가 되기도 한다. 성공한 사람 중 20%는 목표를 세우는 방식으로, 80%는 목표 없이 성공했다는 연구 결과도 있다. 이들 80%는 '심리적 만족'과 '자신다움'을 실현하는 가운데 부수적으로 좋은 결과를 얻은 경우다.

사람들이 맛있게 먹는 모습에서 즐거움과 보람을 느끼다 어느새 유명 음식점의 주인이 된 사람들은 몇 년 후에 몇 평짜리 음식점을 운영하겠다는 목표를 가졌던 경우가 결코 아니다. 손으게로 남을 놀라게 하는 데 재미를 붙였다가 일본 대학의 교수로까지 임용되었다거나, 은행의 청원경찰로 있으면서 고객을 친절하게 모신 인연으로 전국에서 가장 많은 예금을 유치하게 되었다는 사례들도 그런 경우다.

한 길을 가는 것과 우연히 만난 기회를 놓치지 않는 것

목표를 향해 일곱 번 넘어져도 여덟 번 일어나면서 흔들림 없이 가는 것도, 때론 현명하게 목표를 수정해가면서 예정에 없던 길로 가는 것도 각기 다른 삶의 방식일 뿐이다.

목표를 수정하여 한 길만 더 파면 나올 유전을 발견하지 못할 수도 있지만, 외길만 가다가 내 곁에 다가온 행운의 여신을 모두 놓쳐버릴 수도 있는 것이다. 인생에 정답은 없지 않은가!

새로운 제안

목표라는 말을 3년 안에 이루고 싶은 꿈이나 소망 정도로 바꾸어 일단 중압감에서 벗어나자. 다음은 그 소망이 이루어졌을 때의 나의 모습을 구체적으로 그려보는 것이다. 그 모습은 가슴이 뛸 정도의 매력적인 모습이면 좋겠다. 그 다음은 힘들지만 그 모습에 도달하는 방법을 SMART하게 정리하여야 한다.

S = Specific (구체적으로)

M = Measurable (측정가능하게)

A = Action oriented (행동지향적으로)

R = Realistic (현실성있게)

T = Timely (타이밍을 놓치지 말고)

그 다음은 귀신이 잡아가도 모를 정도로 '몰입'하는 것이다. 몰입하는 순간은 그 자체가 최고의 행복이라고 앞서 말했다. 이렇게 가다가 이것이 아니다 싶으면 방향을 바꾸고 다시 ① 3년 후 나의 매력적인 모습을 새로 그려보고 ② SMART하게 정리하여 ③ 몰입하는 순서를 되풀이 하면 어떨까.

목표가 없는 이유

목표가 없는 사람들은 대체로 다음 중 한 가지의 이유를 갖고 있다.

인생에 대해 특별한 야망이나 꿈이 없는 경우

야망까지는 아니어도 꿈조차 없는 인생은 삭막하다. 월남전에 참전했다가 포로로 잡혀 8년간 수용소에 갇혀 지낸 짐 스톡데일Jim Stockdale을 지탱해 준 건 희망이라고 한다. 꿈과 희망은 동의어에 가깝다. 내일이 오늘보다 나아질 희망이 없다면 우리의 노력도 생기를 잃는다.

꿈은 거창하지 않아도 좋다. 몇 년 후 내 집을 장만하는 것일 수도 있고, 1년 후에 영어회화 과정을 끝내고 외국인과 자유롭게 의사소통하는 나의 모습일 수도 있다. 아니면 6개월 후 보다 능숙해진 테니스나 골프 실력일 수도 있다. 역사에 관한 책을 체계적으로 읽어 나름의 역사관이 정립된 사람이 되는 것은 또 어떤가. 역시 야망이든 꿈이든, 단기건 장기건, 없는 것보다는 있는 것이 확실히 낫다.

'그날그날 최선을 다하면 잘될 것'이라 생각하는 경우

'그날그날 최선을 다한다'는 멋진 말이다. 그렇지만 계획이나 목표가 없는 상태에서 최선을 다한다는 게 말처럼 쉽지가 않다. 이것은 매출 목표 없이 회사가 성장하기를 바라는 것과 같다.

회사는 늘 버거운 목표를 설정하고, 수단과 방법을 총동원하여 이를 달성하고자 한다. 그날그날 최선을 다하자는 구호로는 절반의 성과도 거두기 어렵다. 그러니까 그날그날 최선을 다한다는 말은 사실 존재할 수 없는 말이다. 야망을 가진 사람이라면 대담한 목표를 설정하고 힘에 버거운 정도로 자기관리를 해야 한다.

'인생이란 팔자소관'이라 생각하는 경우

인생은 운명이라 생각하는 사람들로 노력한다고 크게 달라지는 것이 아니라 생각한다. 1960년대에는 우리의 평균수명이 52세밖에 되지 않았는데, 불과 60년이 지난 지금은 80세가 되었다. 우리의 삶이 28년이나 늘어난 것이다. '인명은 재천'이라는 말이 무색해졌다. 인간의 수명마저 우리의 노력에 의해서 달라지는데 하루하루의 삶이 우리의 노력과 무관할 리 만무하다.

어떤 종교도 '당신의 운명은 태어날 때 이미 결정된 것'이라고 말하지 않는다. 그러니 '인생은 팔자소관'이란 생각은 버려야 한다. 지금 당장 밖으로 나가 뛰어보라. 10여분이 지나면 몸에 열이 나고, 얼마 지나지 않아 이마에는 땀방울이 맺힌다. 이렇게 열흘을 하면 다리에는 근육이 생기고, 한 달이 지나면 신체에 변화가 생긴다. 이게 인생이다.

아무 생각이 없는 경우

의외로 많은 사람이 이 경우에 속한다. 별 생각이 없는 것이다. 아무 생각이 없다는 것은 인생에 대해 성찰적 삶을 살고 있지 않다는 뜻이다. "생각 없이 살면 좀 어떠냐, 정답도 없는 인생인데 골치 아프게 뭔가를 꼭 복잡하게 생각해야 되는 거냐?"라고 반문할 수도 있다. 그렇지만 이는 스스로 모순을 말하고 있는 것이다.

세계적인 석학 피터 드러커는 "사람들은 1년 기간으로 할 수 있는 일은 과대평가한다. 그러나 5년 기간으로 할 수 있는 일은 과소평가한다."

고 했다. 아무 생각이 없는 사람은 실제 아무 생각이 없는 것이 아니라, 이런 모순을 자각하고 있지 못할 뿐이다.

이렇게 살펴보니 역시 '목표'나 '꿈'은 있어야겠다. 없는 것이 더 좋은 이유가 있다면 그 또한 우리가 찾아보고 연구해 볼 일이다. 모든 게 우리가 행복하자고 하는 일이니까!

목표를 잊는 지혜

시험을 대비해서 하는 공부처럼 재미없고 하기 싫은 것도 없다. 미루고 미루다 벼락치기를 하는 것도 그 때문이다. 목표라는 개념도 그런 느낌을 줄 때가 많다. 흔히 목표가 있어야 성공한다고 말하지만 목표라는 말은 오히려 부정적으로 들릴 때가 많다. 회사에서의 목표는 스트레스 그 자체다. 그렇다고 목표를 설정하지 않고 살 수는 없다. 그것은 계획이 없다는 말과 거의 같은 표현이기 때문이다. 그래서 목표는 가지되, 동시에 이를 잊고 사는 지혜가 필요하다.

중요한 약속 때문에 서울에서 부산으로 가는 광경을 떠올려보자. 부산은 목적지이자 목표의 개념이 된다. 막히는 도심을 겨우 벗어나면 첫 번째 휴게소인 만남의 광장이 나오지만 시간이 지체되었다는 생각에 좀 더 내려가 쉬기로 한다. 부산까지는 경부고속도로 외길이기에 길을 잃을 염려는 없지만 교통 카메라 등을 의식해 내비게이션을 켜놓고 운전한다. 한참을 왔다 싶은데 위치를 보니 이제 겨우 안성이다. 앞으로 목적지까지 300km 이상이 남았고, 시간도 4시간은 더 걸릴 것 같다. 이렇게 목적지까지의 거리를 체크하고, 남은 시간을 계산해보는 횟수는 부산까지 가는 동안 몇 번이나 하게 될까? 더욱이 약속시간에 늦을 것 같은 경우라면?

목적지까지 남은 거리와 시간을 따질 때마다 거리에 대한 답답함, 시간에 대한 초조함으로 마음은 재가 되어간다. 이렇게 수시로 체크해 본다고 해서 상황이 달라지는 않는다. 이럴 땐 약속 시간과 남은 거리에 대한 생각을 잠시 잊는 것이 지혜로운 태도다. 쉽지 않겠지만 말이다. 그렇게 하면 주위의 풍경이 보이고 라디오의 음악이 들린다. 이것이 늘 다음 (목표)으로 가 있는 생각을 '지금', '여기'로 불러들여, 현재에 몰입해 사는 지혜로운 방법이다.

앞에서 천재와 보통사람의 차이가 지능에 있다기보다는, 몰입이나 열정에 더 좌우된다는 얘기를 했다. 마찬가지로 성공한 사람들이라고 해서 남다른 특별한 능력의 소유자는 아니다. 이들도 연초에 계획을 세우지만 삼일 밖에 실천하지 못하는 '작심삼일 좌절클럽'의 멤버들이다. 다만 이들은 평가목표보다는 학습목표에 중점을 두는 것이 다르다. 쉽게 얘기하면 '과정'에 더 비중을 둔다는 말이다. 그래서 일련의 과정을 자신을 계발하고 향상하는 계기로 삼는다. 그렇게 생각하면 언제든 다시 시작할 수 있다.

약속만 하면 1시간씩 늦게 나오는 아내 때문에 스트레스를 받던 남자가 있었다. 부부의 유일한 싸움거리는 이 약속과 관련된 것이었다. 세월이 지나도 이러한 습관은 고쳐지지 않았고, 밖에서 약속만 하면 기분을 망치게 되어 이후의 행동도 자연스럽지 못한 악순환이 이어지곤 했다. 이러한 고민을 알고 있는 친구가 조언을 했다. 약속 시간에 대한 생각을 잠시 접어두라는 것이다. 남자는 시계를 보는 대신 거리의 풍경을 감상하기 시작했고, 아내가 나타날 길목을 목이 빠지게 쳐다보는 대신 지나가는 사람들을 관찰하기 시작했다. 거리는 참 볼 것이 많았고, 사람들의 모습은 다양했다. 그것이 너무도 재미있어 시간가는 줄 모르게 되었고, 이제 아내의 지각은 신경 쓸 일도 아니었다. 심지어는 예쁜 아가씨를 바라보다 아내가 좀 더 늦게 나왔으면… 하는 마음을 가진 적도 있다고 한다. 가정에도 평화가 왔음은 물론이다.

버스정류장에서 버스를 기다리는 10여분의 시간도 지루할 때가 많다. 이때도 현명한 방법은 잠시 버스에 대해 잊는 것이다. 문득 다른 생각이 떠오르고 거기에 잠시 몰두하게 되는 순간, 어느 결에 버스가 온다. 글을 쓰기 위해 몇 페이지 분량을 채워야 한다는 것은 고통이다. 쓰기 자체에 몰입한 결과로써 글이 완성되어야 한다. 경쟁이 일상화된 삶 속에서 이렇게 생각의 패러다임을 전환하는 것이 쉽지는 않다. 그렇지만 정신건강상 꼭 훈련해야 할 부분이다.

다른 나라에 비해 우리나라 사람들의 목표의식은 남다르다. 나이가 들어서도 '작은 야망' 하나쯤은 모두가 가지고 있는 느낌이다. 그 자체는 나쁠 것이 없지만 그것으로 인해 현재가 스트레스로 차 있다면 그것은 지혜로운 삶이 아니다. 목표는 가끔 보고 확인하는 정도면 족하다.

백점짜리 인생이란

진대제 전 정보통신부 장관이 어느 초청 간담회장에서 소개한 내용이다.

A	B	C	D	E	F	G	H	I	J	K	L	M
1	2	3	4	5	6	7	8	9	10	11	12	13

N	O	P	Q	R	S	T	U	V	W	X	Y	Z
14	15	16	17	18	19	20	21	22	23	24	25	26

위와 같이 알파벳과 숫자를 연결하여 놓고 "당신 인생이 100점이 되려면 필요한 것은 무엇이겠는가?"라는 질문을 한 것이다. 누군가 답을 사

랑(love)이라고 했다면 L(12) + O(15) + V(22) + E(5) = 54점이 되는 식이다. 이 질문을 했을 때 많이 나오는 답이 대체로 운(Luck=47), 건강(Health=54점), 가족(Family=66점), 지식(Knowledge=96점), 열심히 일하는 것(Hard Work=98점) 등이지만 100점을 채우진 못한다.

Attitude = 100점

진 장관이 소개한 답은 '태도(Attitude=100점)'라는 단어이다. 미국에서도 성공과 관련하여 가장 많이 쓰는 단어가 이 Attitude다. 인생이란 결국 어떻게 마음먹느냐에 달려있다는 이야기다. 애티튜드는 삶에 대한 방향의 문제이기도 하다.

화제를 몰고 다니는 앨런 머스크의 경우를 보자. 그가 한 유명한 말 중 하나가 "Mars is next."라는 말이다. 그는 세상의 변화를 꿈꾸었고 그 방법을 스페이스 산업에서 찾고자 했다. 이는 곧 스페이스X 창업으로 이어졌고 로켓 개발, 테슬라, 솔라시티, 하이퍼루프 등의 사업을 일으켰다. 작고 큰 성공과 실패가 있었지만 그가 말했던 비전을 향해 가고 있는 것만큼은 분명해 보인다.

뜻이 있으면 길이 있다는 말처럼 방향이 먼저고, 가치관 철학이 먼저다. 이 어려운 가치관, 철학의 현실적인 말이 '태도Attitude'다.

2018년 노벨 평화상을 받은 나디아 무라도를 보자. 나이다 무라도는 이라크 출신의 여성 인권 운동가인데, 2014년 이슬람 극단주의 세력인 ISIS가 그녀가 사는 곳을 점령하면서 그녀와 그녀의 가족은 테러리스트들에게 포획되어 노예로 팔려가게 된다. 결국 불의에 저항한 그녀의 태도는 성폭력 문제 해결을 위한 국제사회의 노력을 촉구하게 되고, 극단주의와 인권 문제를 해결하는데 기여한 인물로 평가받게 된다.

성공한 사람이나 위대한 사람의 경우를 보면, 대부분 인류애에 기초한 큰 틀의 방향과 원칙을 갖고 있고, 이를 고수하고 지키기 위해 노력했다는 것을 알 수 있다. 우리 젊은이들도 그러한 큰 원칙을 갖기를 바라는데, 현실이 그리 녹녹치 않은 것 같아 안타까운 마음이다.

그럼에도 불구하고 요즘 신입사원 면접에서도 가장 중요시하는 요소가 태도이다. 여기서 말하는 태도란 용모·자세 등을 뛰어넘는 삶에 대한 가치관을 이야기한다. 구체적으로 이야기하자면,

첫 번째는 '세상을 긍정적으로 보는 사람'이어야 한다. 긍정적으로 본다는 것은 세상과 인간에 대해 따뜻한 마음을 갖고 있다는 뜻이다. 세상을 긍정적으로 보는 사람은 어떤 역경에서도 세상이나 인간을 파괴하는 왜곡된 결심은 하지 않는다.

두 번째는 '문제의 원인을 자신으로부터 찾는 사람'이다. 이러한 사람은 남을 원망하거나 변명으로 빠져나가려 하지 않는다. 주체적인 사

람들이다.

세 번째는 '생각하는 사람'이어야 한다. 맨파워에서 마인드파워로 전환된 최근 환경에 적합한 사람이다. 열심히 일하는 사람에서 열심히 생각하는 사람으로 인재상이 바뀌었다. 열심히 생각하는 사람은 변화에 민감하고, 창의적이며 자기계발을 소홀히 하지 않는다.

이러한 세 가지 요소를 갖추고 있다면 훌륭한 태도를 가진 사람임에 틀림이 없다.

문제의식

다음 문제를 풀어 보자.

- 신호등의 가장 오른쪽은 녹색이다 (O,X)

- 로댕의 생각하는 사람이 턱을 괴고 있는 것은 왼손이다 (O,X)

- 천 원짜리 지폐에는 퇴계 선생님이 그려져 있다 (O,X)

- 광화문의 이순신 장군 동상에서 칼을 잡고 있는 것은 왼손이다 (O,X)

- 피사의 사탑은 오른쪽으로 기울어져있다 (O,X)

생각이 잘 나는가? 확신을 갖고 정답을 대답한 분은 많지 않을 것이다.

교통 신호등은 우리가 매일 보는 것임에도 가물가물 생각이 잘 나지 않는 것이 오히려 신기할 정도다. 우리가 생각하고 행동하는 것의 95%는 무의식에서 나온 것이라고 한다. 그러니 앞의 문제들도 늘 생각 없이 봐왔을 테다. 사실 우리에게는 생각조차도 경제적으로 하는 경향이 있어 모든 것을 의식적으로 생각하고 판단하며 행동할 수는 없기도 하다.

그렇지만 정작 깊이 생각해야 할 것들에 대해서도 아무런 생각을 하지 않는다면 어떻게 될까? 생각 없이 인생을 산다고 하는 것도 문제가 될 것이고, 생각 없이 직장생활을 하는 것도 문제가 되지 않을까?

경영학에서 조직은 '문제의 집합체'라고 이야기한다. 그러니 조직에 몸담고 있는 사람들은 늘 골치가 아픈 것이다. 골치가 아프다고 해서 문제가 없기를 바랄 수도 없다. 문제가 없다면 우리의 존재도 필요하지 않을 테니까.

조직에 필요한 사람은 당연히 '문제의식이 있는 사람'이다. 이미 발생한 문제뿐만 아니라 발생하지 않은 문제에 대해서도 미리 예견할 수 있는 사람을 원한다. 내일모레 회사가 어떻게 될지 모르는 상황임에도 태평하게 생각하고 행동하는 사람이라면 참으로 한심하다는 생각이 들 것이다.

성취지향적인 사람의 특징은 문제의식이 있다는 것이다. 조직의 핵심인재는 이러한 문제의식을 남다르게 갖고 있는 사람이며, 이는 무언가를 이룬 사람들의 특징이기도 하다.

둑에 난 구멍을 그냥 지나치지 않고 손으로 막아 네덜란드를 구한 한스 브링커 소년의 이야기를 들어 본 적이 있을 것이다. 아무 생각이 없는 소년이었다면 구멍이 난 제방을 보고도 그냥 지나쳤을 것이며 네덜란드는 존재하지 않았을 것이다.

그런가 하면 2,000명 이상의 희생자를 냈던 타이타닉 호의 사고에서는 문제의 조짐을 무시했던 여러 사례가 있다. 옆을 지나가던 캘리포니아 호의 선장 또한 타이타닉 호의 문제로 보이는 징후들을 모두 무시하여 구조할 기회를 놓치고 만다.

세상은 문제의식을 가진 사람들에 의해 발전해 간다. 이러한 사람들은 문제에 직면할 때 그것을 자신이 해결해야 할 과제로 인식한다. 그 결과 문제를 해결하기 위한 발상을 하며, 도전하고 아이디어를 제안한다. 반대로 문제의식이 없는 사람들은 문제에 직면하면 늘 회피하려 하고 변명을 늘어놓을 준비를 한다. 인재 전쟁이라 할 정도로 기업은 역량 있는 사람을 찾기 위해 온갖 노력을 기울이고 있다. 그러나 정확한 잣대를 가지고 사람을 선발하고 있는지는 의문이다. 그저 학교 성적이 좋았다는 것, 모범적인 태도만으로는 부족하다.

스티브 잡스는 평생 문제의식을 달고 산 사람이라고 할 수 있다. 애플을 창업할 때 컴퓨터 산업에서 가장 큰 문제는 사용자 경험의 부재라는 것을 파악하고, 사용자 중심의 디자인과 직관적인 인터페이스를 도입하여 세계적인 성공 사례를 만들어 낸 경우다.

제프 베조스 역시 인터넷 쇼핑몰이라는 개념 자체가 낯선 사람들에게 아마존에서 구매한 제품에 만족하지 않을 경우 환불을 받을 수 있는 정책을 도입함으로써 고객들의 불안을 해소하고, 신뢰도를 높임으로써 세계적인 기업으로 성공시키는 계기를 만들었다.

우리의 교육은 문제의식이 있는 사람을 키우도록 노력해야 할 것이며 조직은 문제의식이 충만한 사람을 선별하여 뽑아야 핵심인재를 얻게 될 것이다.

디테일의 힘

한 사람이 나름대로 큰 맘 먹고 목표라는 것을 세웠다. 그런데 그 내용이 "건강하게 살자."라면 이는 좋은 목표일까 아니면 그렇지 않은 목표일까? 내용적으로는 좋은 것이지만 목표의 개념으로는 결코 좋다고 할 수 없다. 왜냐하면 실천할 수가 없기 때문이다. 구체적이지 않아서이다. '건강하게 살기' 위해서는 "매일 1시간씩 조깅을 하겠다."로 내용을 바꾸어야 한다. 매일 1시간씩 조깅을 하게 되면 '건강하게 살자'라는 거창한 목표가 이루어지는 것이다.

누구나 '성공하고 부자가 되겠다'라는 꿈이나 목표를 갖고 있다. 이런 경우도 '매주 1권의 책을 읽고, 한 달에 50만 원씩 저축을 하겠다'는 구체적 내용으로 바꾸고 실천해야 '성공하고 부자되기'의 꿈을 이룰 수 있게 된다. 아무리 원대한 목표도 이렇게 사소한 실천에 의해서 이루어지게 마련이다.

홍콩에 아시아 최고의 부호 리카싱李嘉誠이 있다. 리 회장은 한 대학의 졸업식에서 '자부지수自負指數'로 자신을 관리해온 것이 성공의 비결이라고 이야기했다. 자부지수란 마음자세를 수치화하였다는 얘기다. 오늘의 내 겸손함에 70점을 준다면, 이후 80점, 90점이 되도록 노력한다는 것이다.

한때 중국에서는 왕중추라는 사람이 쓴 『디테일의 힘』이라는 책이 360만 부나 팔렸다. 중국 사람들의 성향을 너무도 정확히, 실감나게 지적하여 뜨거운 호응을 일으켰다. 우리나라에서도 인기를 끌었던 것을 보면 역시 공감하는 측면이 컸기 때문일 것이다. 모든 부문에서 경쟁이 치열해진 탓에 디테일한 곳까지 신경을 쓰지 않으면 경쟁력을 가질 수 없다는 방증이기도 하다. 공통된 기능과 성능을 제외하고 난 후의 1%는 절대적 위력을 가진 수치가 된다.

고故 이병철 회장은 성공적으로 면접을 마치고 나가는 사람의 구두 뒤축에 묻어 있는 흙을 보고 불합격시키라는 지시를 내린 적이 있다. "중요한 면접을 보러 오는 사람의 태도가 저래서야 되겠는가."라고 하면서. 그런가 하면 모두가 무심코 지나치는데, 떨어진 휴지를 주운 덕에 합격한 사례도 있다. "저러한 주인 정신이라면 쓸 만한 사람 아니겠나."라는 판단으로.

전설적인 농구 선수 마이클 조던의 성공에도 디테일의 힘이 작용했다고 볼 수 있다. 예를 들어 그는 상대방 선수들의 움직임을 지속적으로 분석하고, 그들이 가장 좋아하는 움직임과 패턴을 파악하여 자신의 수비를 조정하기도 했고, 농구화 제조회사와 함께 자신의 발과 다리에 맞는 신발을 제작하기 위해 수없이 회의했던 기록들이 있다. 그저 빠르고 정확한 슛이 전부가 아닐까 하는 우리의 생각을 바꿔주는 사례다.

그런가 하면 노먼 포스터는 건축 디자인에서 작은 것들에 주의를 기울이면서 세계적인 명성을 얻게 된 경우다. 그는 건물의 창문, 문, 장식 등과 같은 세부적인 디테일을 매우 세심하게 다루었다. 이런 디테일에 강한 사람이 큰 것이라고 무시했을 리는 만무하다.

요즘 요리에 대한 관심과 더불어 셰프들이 뜨고 있다. 세계적으로 유명한 마르코 피에르 홀트가 알려지게 된 것도 디테일의 힘이었다고 할 수 있겠다. 영국에서 최연소 3성 미쉐린 가이드 별점을 받은 최초의 셰프인데, 맛과 향을 최대한 끌어내기 위한 세심한 손질법 요리의 시각적인 매력을 높이기 위해 음식의 색상, 재료의 배치, 접시의 디자인에 장인의 정신을 쏟아 부은 사례다. 결국 디테일이란 보이지 않는 가운데서도 최선을 다하는 정신과 맞닿아 있다는 생각이다.

논리적 사고

대화를 할 때 중언부언하면 혼란스럽다. 또 중요한 요소, 분명히 거론해야 할 사항을 누락하는 경우에도 설득력을 갖기 어렵다. 말을 하거나 생각을 할 때, 혹은 보고서를 쓸 때, 누락도 없고 중복도 없이 잘 표현하기 위해서는 '논리적인 사고'를 할 수 있어야 한다.

세계적인 컨설팅 업체인 맥킨지에서 끊임없이 훈련을 시키는 것도 이것이다. 이를 'MECE'라고 하는데 'Mutually, Exclusive, Collectively Exhaustive'의 약자이다. 서로 배타적이지만 전체적으로는 누락이 없다는 개념이다.

예를 들어 보면 쉽다. 고객을 누락도 중복도 없이 분류하려면 어떤 방법이 있을까? 남과 여로 나누면 된다. 남자와 여자는 서로가 상대적인 개념이면서 이를 합치면 고객을 완전히 커버한다. 10대 고객, 20대 고객, 30대 고객 식으로 분류하는 것도 한 방법이고, 강원도, 충청도 등 지역을 기준으로 할 수도 있다. 자동차를 사는 기준으로 디자인, 연비, 성능을 꼽았다면 이것도 MECE가 적용된 개념이라 할 수 있다. 우리는 이런 개념을 경험적으로 알고 있다. 디자인, 연비 하다가 타이어 하면 이상하다는 느낌을 받는다.

직원이 올린 보고서를 보면서 무언가 흡족하지 않다면 MECE가 잘 적용되지 않았기 때문이다. 중요한 무언가를 누락했거나, 여러 가지 주장을 하고 있지만 중언부언하고 있을 가능성이 높다. MECE의 개념을 미리 알고 있었다면 이에 입각하여 논리적인 평가와 보완할 부분에 대해서 구체적인 요구를 하겠지만, 이러한 개념을 알고 있지 못하면 "뭔가 마음에 안 드니 다시 한 번 해봐라."라는 말만 되풀이 할 수밖에 없다. 그러면 직원은 '본인도 대안이 없으면서…'라는 불만을 갖게 된다.

미국에서는 어렸을 때부터 글쓰기와 말하기에서 이 원리를 가르친다. 동물에 대한 글짓기를 해오라고 했을 때, 대표되는 동물을 적어도 세 종류쯤 거론하는 것을 가르친다. 고학년이 되면 개념적 문제에 대해서 누락과 중복이 없도록 사고하는 훈련을 가르친다. 얼핏 들으면 대단히 쉬울 것 같지만 이것을 실제 업무에 능숙하게 적용할 때까지는 오랜 훈련이 필요하다.

"우리가 먹는 음료의 종류를 MECE로 분류해 보시오."라든지 "한국 사람이 협상에 약한 이유를 MECE로 말해 보시오."라는 숙제를 받으면 이게 결코 만만한 게 아니라는 것을 알게 될 것이다. 한걸음 더 나아가, "한식당을 오픈하려고 하는데 무엇을 먼저 생각해야 되는지 조언 좀 해 주세요."라는 부탁을 받고 상대가 수긍하게끔 답을 해주기는 더욱 어려 울 것이다. 그래서 MECE에 능숙해지면 컨설턴트의 역할까지 가능해지 는 것이다.

전통 한정식 차별화 전략

MECE에 입각하여 논리를 펼쳐 나가는 것을 'LOGIC TREE'라 한다. 이를 활용하면 어떤 문제에 대해 원인을 찾아 낼 수도 있고, 과제에 대한 대책을 수립하여 이에 대한 실시방안까지 얻어낼 수도 있다.

한정식집 컨설팅으로 돌아가 보자. 음식점 성공의 주요 요소에는 어떤 것들이 있을까? 여기에서는 맛과 가격, 서비스를 도출해 냈다. 이 부분이 MECE가 되어야 한다. 음식 맛에 대해서는 재료와 요리사, 새로운 아이템을 들었다. 역시 MECE적으로 생각이 펼쳐져야 한다.

평상시 늘 이렇게 생각하는 훈련을 하면 짧은 시간에 아주 논리적인 사고를 하는 사람이 될 수 있다. 남이 논리적으로 이야기하지 못할 때는 바로 문제점을 발견하게 된다. 조직에서 상당한 직위에 있으면서도 이런 기초가 되어 있지 않는 사람들이 의외로 많다. 여러 사람이 괴로울 수밖에 없다. 논리적 사고를 갖추면 다음과 같은 이점이 있다.

- **문제 해결 능력**: 논리적 사고는 문제를 해결하는 데 매우 유용하다. 이는 문제를 작은 조각으로 쪼개어 각 조각을 분석하고, 각 조각별 문제를 해결한 다음, 이를 다시 합쳐서 최종적으로 문제를 해결하는 과정을 포함한다.

- **정확성**: 논리적 사고를 통해 추론과 결론에 대한 정확성을 보장할 수 있다. 이는 잘못된 논리나 오류를 방지하고 실수를 최소화하며, 올바른 결론에 도달하기 위해 필요한 과정을 충실하게 따르는 것을 의미한다.

- **일관성**: 논리적 사고는 일관성을 유지하는 것이 중요하다. 이는 모순된 결론을 피하고, 불일치하는 판단을 만들지 않으며, 논리적으로 일관되게 이야기할 수 있도록 돕는다.

- **비판적 사고**: 논리적 사고는 비판적 사고를 촉진한다. 문제의 다른 측면을 살펴보고, 정보의 신뢰성을 평가하고, 결론을 지지하는 증거를 수집하는 능력을 키워준다.

- **효율성**: 논리적 사고는 시간과 자원을 효율적으로 활용하는 데도 도움이 된다. 문제 해결에 더 빠르고 효과적인 방법을 찾을 수 있으며, 근거 없는 판단이나 결론을 내리는 데 시간을 낭비하지 않는다.

- **자기 개발**: 논리적 사고를 연습하면 개인적인 자기 개발에도 도움이 된다. 문제를 해결하는 능력을 향상시키고, 새로운 아이디어를 생각해내고, 의사 결정을 내리는 데 있어서도 유용하다.

요즘 정치인, 법조인, 기자들에게 가장 취약한 부분이 위에 열거한 역량과 사고들이다. 위에서 언급한 논리적 사고를 바탕으로 정확성과 일관성을 높이고, 비판적 사고력을 키운다면 자기 개발에 도움이 될 것이다.

재才보다 둔鈍

인간은 만물의 영장이다. 지구상의 모든 살아있는 것들 중에서 가장 머리가 좋고 영리하다. 만물의 영장인 사람 중에서 또 뛰어난 사람을 우리는 영재英才, 수재秀才, 천재天才라 부른다. 여기서 공통적으로 쓰인 글자가 재才다. 재주가 있다, 재능이 있다 등의 뜻을 담고 있다. 이 재才자의 반대되는 의미를 갖고 있는 글자가 둔鈍이다. 둔하다, 무디다, 우둔하다의 뜻이다. 얼핏 생각하면 재才를 가진 사람에게 둔鈍은 적수가 될 수 없을 것 같다. 그렇지만 세상은 그렇지 않다는 데 묘미가 있다. 오히려 얄팍한 재 때문에 풀리지 않는 세상을 둔함으로 일가를 이루기도 한다.

일본에서 화제가 되었던 기무라 아키노리 씨 이야기가 있다. 이 분은 일본에서 사과 농사를 짓고 있는데, 이 사과농장을 작년에만 6,000여 명이 찾아왔다고 한다(초판 당시의 기준이다). 수학여행을 온 초등학생부터 한국 전라도 농부들까지.

이 분은 1978년부터 31년 동안 농약 한 방울, 비료 한 주먹도 뿌리지 않은 땅에서 최고의 사과 농사를 짓고 있다. 여기에 오기까지 그의 인생역정에 관한 이야기다. 일본은 120년 전부터 사과를 재배해 왔다고 한다. 그동안 수많은 선대 농부가 무농약·무비료 재배에 도전했지만 잘 안 됐는데, 4~5년 만에 포기했기 때문이다. 기무라 씨는 달랐다. 그의 표현으로는 '바보처럼' 11년을 버텼다고 한다. 자연의 사이클은 인간과 달라서 우리의 기준으로 생각해서는 안 된다. 그는 오직 밭에 펼쳐진 흙 위의 세상만 바라보면서 6년을 지독하게 고생했다. 그러자 나무가 마치 그 마음에 보답이라도 하듯 꽃을 피워줬다고 한다. 수확량도 돈벌이도 심지어 꽃한 송이, 열매 하나 열리지 않는 사과밭에서 벌레를 잡고 식초도 뿌리고 나무와 대화하며 새벽부터 밤까지 꼬박 하루를 보냈다. 쌀이 모자라면 죽을 먹고, 생활비가 떨어지면 양말을 기워 신고, 버티다 못해 죽으러 올라간 산에서 새로운 아이디어가 떠올랐다. 그는 이렇게 11년을 끈질기게 버텼고 결국 역사를 바꿨다. 애초에 불가능한 일은 없다는 것을 보여준 것이다. (『기적의 사과』, 김영사)

비료와 살충제가 없으면 농사를 지을 수 없다는 고정관념에서 벗어나 자연의 원리를 좇아서 각고의 노력 끝에 새로운 과수 재배를 성공시킨 기무라 아키노리 씨. 그의 이야기는 우리에게 많은 의미를 시사한다.

인류의 발전은 이런 무모해 보이는 도전에 의해서 이루어져왔다. 재능만을 갖춘 사람들은 이런 둔鈍(?)한 짓을 하지 않는다. 영리하고 빠른 판단으로 새로운 길을 모색하지만 세상의 일은 마음처럼 당장 되는 것이 없다. 둔鈍이란 진정성의 다른 표현이기도 하다. 사랑하는 사람의 마음을 여는 것도 재才가 아닌 둔鈍이다.

우리 대한민국 사람들은 조사에서 지능이 가장 높은 민족으로 나왔다. 재才가 뛰어나다는 말이다. 그렇지만 진정한 성공은 둔鈍의 뒷받침이 있어야 한다. 우리민족이 앞으로 갖추어야 할 덕목 중에 하나가 둔鈍이라 생각한다. 결국 임계점을 넘어 감동의 결말을 만들어내는 것은 늘 이러한 둔鈍을 갖춘 사람들이기 때문이다.

전략적 마인드

전략을 기업의 입장에서 정의하면 '한 기업이 경쟁우위에 설 수 있도록 포지셔닝하는 일'이라 할 수 있다.

한미 FTA를 추진할 때의 일화다. "미국 시장을 놓고 한국과 일본이 경쟁할 수밖에 없다. 미국과의 협상에서는 주도권을 쥐는 것이 중요하다. 우리가 미국에 FTA를 하자고 먼저 제안하면 주도권이 그쪽으로 넘어간다. 주도권을 빼앗기지 않으면서 미국 시장의 문을 열게 할 방법이 뭘까? 캐나다를 먼저 치는 것이다. 우리가 캐나다와 FTA를 한다는 이야기를 흘리면 미국이 달려들 것이다. 협상은 자신 있다." 김현종 한미FTA통상교섭본부장의 말이다. 이렇게 몇 수를 미리 읽는 김 본부장의 전략적 마인드가 당시 노무현 대통령을 움직였다고 한다. 국가를 경쟁우위에 설 수 있도록 포지셔닝한다는 점에서 같은 맥락이다.

	기회(O)	위협(T)
강점(S)	SO전략	ST전략
	강점을 통해 기회를 살린다.	강점을 통해 위협을 최소화
약점(W)	WO전략	WT전략
	기회를 살리기 위해 약점 보완	생존전략

전략적 마인드(SWOT 분석)

이와 같이 중요한 전략은 도대체 어디에서 나오는 것인가? 하늘에서 뚝 떨어지는 것인가? 아니면 머리 좋은 어떤 사람이 직관으로 제시하는 것인가? 방법은 우리를 둘러싼 환경을 분석하는 일에서부터 시작한다. 우리에게 기회요인이 될 것에는 무엇이 있는지, 위협요인으로 작용할 것에는 무엇이 있는지 살펴본다.

다음은 우리가 가지고 있는 강점과 약점을 분석한다. 이렇게 하여 두 가지 요소를 결합시키면서 나아갈 방향을 설정하는 것, 거기에서 전략이 탄생하는 것이다. 이것은 개인, 기업, 나아가 국가적 차원에도 적용이 된다. 핵심인재는 늘 이러한 상황을 꿰고 있어야 한다.

우리를 둘러 싼 환경에서 우리에게 직접적인 영향을 줄 기회요인과 위협요인을 찾아내기 위해서는 '통찰력'이 필요하다. 환율이 오르는 것은 수출에 도움이 될 수 있지만 원자재 구입에는 부담이 될 수도 있다. 경영 환경이 어려워지는 것은 위협요인이 될 수 있지만 이러한 기회에 시장을 어지럽히는 부실기업이 정리 되는 것은 기회요인이 되기도 한다. 같은 요소를 놓고 어떤 사람은 기회요인으로 어떤 사람은 위협요인으로 분류하기도 한다. 그래서 누가 리더가 되느냐에 따라 조직의 향배가 갈리는 것이다.

이러한 분야의 세계적인 컨설팅 회사로 군림하고 있는 매킨지가 어떤 전략을 구사하는지 보면 좀 더 이해가 쉬울 것 같다.

1. 문제 해결 기반의 전략

매킨지는 클라이언트의 문제를 해결하는 것을 우선적인 목표로 삼는다. 이를 위해 클라이언트의 비즈니스 모델과 경쟁환경을 분석하고, 문제의 근본 원인을 파악하여 최적의 전략을 제안한다.

2. 데이터 기반의 전략

매킨지는 데이터 분석과 경영과학적인 분석을 활용하여 전략을 수립한다. 이를 통해 과학적인 분석 결과를 기반으로 미래를 예측하고, 성공적인 전략을 수립할 수 있다고 한다.

3. 성과 중심의 전략

매킨지는 클라이언트의 비즈니스 성과를 중심으로 전략을 제안한다. 이를 위해 명확한 목표와 성과 지표를 설정하고, 그에 맞는 전략을 수립한다. 또한, 전략 수립 후에도 지속적인 모니터링과 평가를 통해 성과를 개선한다.

4. 디지털 트랜스포메이션 전략

매킨지는 디지털 트랜스포메이션 전략을 중요시 한다. 이를 통해 클라이언트의 비즈니스 모델을 디지털 기술을 활용하여 혁신하고, 미래 시장에 대응할 수 있는 비즈니스 모델을 제시한다.

5. 지속가능한 전략

매킨지는 클라이언트의 사회적 책임과 지속 가능성을 고려한 전략을 추구한다. 이를 위해 환경, 사회, 건강 등의 요소를 고려한 전략을 수립하며, 클라이언트의 지속 가능한 성장을 지원한다.

핵심인재는 환경의 변화와 내부 역량을 살펴 조직이 나아갈 방향을 제시하는 사람이다. 처음에는 귀를 기울이지 않을지도 모른다. 그렇지만 시간이 지나 주장한 내용이 맞았다는 것이 증명되면 상황은 반전된다. 귀감이 될 만한 사례를 하나 소개한다.

대우그룹 해체와 대우건설의 워크아웃으로 존폐의 갈림길에 놓여 있을 때 일개 팀장에 불과한 K차장은 '경기순환 분석을 통한 호황기의 대비'라는 보고서를 작성하여 1999년에 보고하였다. 보고서 내용은 IMF 이후 주택공급이 현저히 떨어졌고, 구매력을 가진 30~50대 세대의 증가를 분석해본 결과, 공격적인 수주를 해야 한다는 주장이었다. 이에 대해

임원회의에서 반대의사를 표명했다. 집값이 전세금 이하로 떨어져 전세금 반환 소동이 일어나고 있는 마당에 이는 맞지 않다는 것이다. 그렇지만 K팀장은 각종 통계 자료를 근거로 임원들을 설득하였고, 결국 대안이 없던 대우건설은 K팀장의 의견을 수용하기로 한다. 이때부터 대우건설은 다른 건설사가 손을 놓고 있을 때 공격적으로 아파트, 주상복합아파트, 오피스텔 등 다양한 주거시설 수주에 매우 적극적인 활동을 개시한다. 이후 경기가 회복되면서 대우건설은 정상화를 이루고, 1993년에는 워크아웃 졸업, 이후 업계 최고의 실적을 올리게 된다. 2001년도부터 2006년도까지 주택공급 1위의 대우건설이 있기까지는 K팀장의 아이디어가 결정적 역할을 하였음을 인정하여야 했다. 위의 사례는 리더란 결코 지위의 문제가 아닌 '영향력'이라는 명제에도 잘 부합한다.

핵심인재의 모습이 어떠한 것인지를 잘 보여주는 사례다. 핵심인재가 되고자 한다면 일상으로 SWOT분석을 시도해야 한다. 그것이 깨어있는 인재의 모습이다.

평론 대신 결론을

문제의 해결을 위해 기업에서 접근하는 방식 중에 '가설사고'라는 것이 있다. 열이 38도까지 올라가는 어린아이가 병원에 왔다고 생각해보자. 무슨 원인으로 그렇게 되었는지 모른다고 해서 엑스레이, 초음파, MRI 등을 총동원하여 아이를 진단하지는 않는다. 의사는 몇 가지 질문을 먼저 할 것이다. "언제부터 열이 나기 시작했습니까? 음식은 무엇을 먹었나요? 에어컨을 많이 쐬지는 않았나요?" 등의 질문을 하면서 원인을 찾아나갈 것이다. 이렇게 한 후에는 나름대로의 결론을 내리고 이러한 결론이 맞는지에 대한 검증을 한다. 식중독이라 여겨지면 필요한 추가검사와 식중독의 대표적인 증상 등을 체크해 볼 것이다. 이러는 과정 중 다른 결론을 얻을 수도 있다. 그러면 다시 다른 가설을 세워보는 것이다.

기업의 문제 해결 과정도 같다. 가설과 수정의 반복을 거쳐 해결 방안을 찾아간다. 가설사고 후에는 반드시 따라야 할 것이 '결론'을 내리는 것이다. 결론을 내려야 다음 행동이 이루어지기 때문이다.

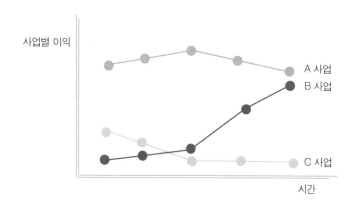

위의 그림은 한 기업의 경영 성적을 그래프로 전환해 놓은 것이다. 이러한 그래프를 대하는 태도는 어떠해야 할 것인가?

- A사업부는 요즘 주춤하긴 하지만 이익이 참 많이 나네요.
- B사업부는 잘 나가는 것 같은데요?
- C사업부는 도무지 나아질 기미가 보이질 않네요.

이와 같이 대답 했다면 이는 바람직한 태도일까? 이것이 '평론'의 태도다. 'So What?'에 대한 답을 늘 빈칸으로 남겨놓는 바람직하지 않은 대답이다. 그렇다면 바람직한 태도는 어떤 것일까?

- A사업부는 현상 유지 정도만 해야 되겠습니다. 필요한 자원을 최소한만 투입합시다.
- B사업을 위해서 회사의 모든 지원을 해줍시다.
- C사업은 철수합시다.

이러한 결론은 맞을 수도 있고 틀릴 수도 있기 때문에 몇 번의 검증 과정이 필요할 것이다. 그렇지만 이렇게 결론을 내려야 다음에 행동이 따라온다. 이것이 가설에 따른 '결론사고'다.

웹사이트를 디자인 할 때, 사용자 경험을 최적화하기 위해 '메인 페이지에 동영상을 넣으면 사용자들이 더 많이 클릭할 것이다'와 같은 형태로 가설을 세울 수 있다. 이 가설을 검증하기 위해, 다양한 사용자 그룹에게 동영상이 있는 버전과 없는 버전의 웹사이트를 보여주고 클릭률을 비교할 수도 있을 것이다. 'SNS 광고보다 이메일 마케팅이 더 효과적일 것이다'라는 가설을 세웠다면, 이 가설을 검증하기 위해, SNS광고와 이메일 마케팅을 각각 실행하고 결과를 분석하여 가설의 유효성을 검증할 수 있을 것이다.

언젠가 홍대 근처 클럽에서 나온 두 여성이 사라졌다가 한강둔치에서 사체로 발견된 사건이 있었다. 경찰도 범인을 찾지 못해 우왕좌왕하는 사이에 인터넷에 한 네티즌의 글이 올라 왔다.

- 면식범이면 적어도 핸드폰 통화내역이 있었을 것이다. 통화내역이 있었으면 벌써 잡았을 것이다. 그 상황에서 우연히 면식범을 만날 수 없을 것이다.
- 그리고 면식범이 죽이려고 했다면 사체를 최대한 늦게 발견되도록 하지, 한강에 그냥 버리지는 않을 것이다.
- 그러므로 면식범은 아니고, 일부러 모르는 남자의 차에 탔다면 모르는 남자가 6분 만에 범행을 저지를 리가 없다. 어차피 차까지 태웠겠다, 여자가 술 먹었겠다, 6분 만에 112에 신고할 만한 행동을 할 필요가 없는 것이다.
- 그렇다면 결론은 단 하나. 택시다.
- 일단 집에 가려고 탔는데 다른 곳으로 간 것이다. 만약 납치범이라고 한다면 전화하는 것을 그냥 두었을 리가 없다. 철저히 감시했을 것이다. 전화하는 것을 그냥 둔 것으로 보아, 처음에는 1명의 기사였고 그 다음에 제3의 인물이 있는 곳으로 데려갔을 가능성도 배제할 수 없다. 혼자서 2명을 목 졸라 죽인다는 것은 어려울 것으로 보인다.
- 이러한 시나리오가 가능하려면 한강 쪽으로 차를 몰고 가야한다.
- 택시 중에서 한강 둔치로 몰고 간 차를 찾아보면 좋을 것 같다. 교통 카메라 기록 중에서 올림픽대로나 강변북로 근처에서 차가 한강 둔치로 들어갔다가 다시 나온 듯한 택시를 찾아야 한다.
- 둔치 근처에 카메라가 없다면 카메라 중에 올림픽대로나 강변북로에 시간 차를 두고 나타난 차를 찾아야 한다.
- 시간은 걸리겠지만 결국 찾을 수 있다.

범인이 잡힌 후 행적을 보니 여기에서 언급한 내용과 거의 일치했다. 기가 막히지 않은가? 가설사고의 위력이다.

결론을 얻었으니 이제 검증과 행동이 따르기만 하면 된다. 이것은 마치 앉아서 천 리 앞을 보는 것과 같다. 이렇게 사고하기 위해서는 자기가 하고 있는 일에 대하여 투철한 주인의식과 책임의식이 있지 않으면 안 된다. 이러한 사고 훈련은 일상생활 속에서도 꾸준히 하는 것이 좋다. 음식점에 가서도 무심히 기다리다 식사를 하는 것이 아니라, 손님의 숫자와 테이블 수, 매장의 규모, 입지 등을 통해 매출과 수익 등에 대하여 나름대로의 계산을 해 본다든지, 학원에 가도 학원의 경영상황 등을 추론해 보는 등 가설사고에 따른 결론을 내보는 것이다. 역시 핵심인재가 갖추어야 할 행동이다.

시간관리 – 아이젠하워 법칙

하루하루가 정신없이 간다. 그렇게 정신없이 보낸 하루지만 무엇을 했나 돌아보면 뭐 그리 보람차게 보낸 것 같지도 않다. 과연 우리는 제대로 살고 있는 것일까? 왜 이렇게 늘 바쁘기만 한 것일까? 살아가면서 가끔은 이렇게 근본적인 물음을 스스로에게 던져볼 필요가 있다. 매일매일 눈앞에 닥친 일만 처리하다 보면, 세월이 지나고 나서 소중한 것들을 놓치고 지나친 데에 대한 후회를 하게 된다. 이는 우리가 시간을 제대로 쓰지 못하고 있기 때문이다.

아이젠하워 대통령은 뛰어난 시간 관리로 과중한 업무들을 무난히 처리하면서도 가족과 많은 시간을 보냈다고 한다. 그의 시간관리 원칙을 소

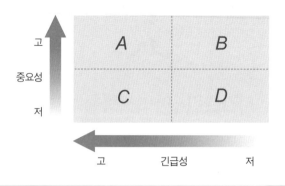

아이젠하워 법칙

개한다. 알고 있어도 다시 한 번 새겨보면 좋다.

위 표에서 중요하고도 긴급한 것에는 무엇이 있을까? 이는 A분면에 해당하는 일이다. 이것은 당장 해내지 않으면 안 되는 것들이다. 학생이라면 시험공부, 회사원이라면 사장이 지시한 일, 마감일의 결산, 바로 보고해야 할 기획안 등이 될 것이다. 망설일 이유가 없다. 'Just do it!'이다.

긴급하지는 않지만 매우 중요한 일이 있다. B분면이다. 이것이 우리가 마음을 기울여야 할 가장 중요한 대목이다. 긴급하지는 않지만 매우 중요한 것. 그게 무엇일까? 여기에 즉각적으로 대답할 수 있어야 한다. 지금 대답을 머뭇거리고 있다면 삶을 효율적으로 관리하고 있다고 말하기 어렵다. 그만큼 중요한 개념이다. 자기계발 영역의 모든 것이 여기에 포함된다. 대학생이라면 일찌감치 영어 공부에 매진하는 것, 직장인이라면

독서와 건강관리, 부모님과 떨어져 사는 경우 자주 찾아뵙고 연락을 드리는 것, 자녀들과 많은 시간을 보내는 것 등이 될 것이다.

A가 끝나면 B에 모든 시간을 할애해야 한다. 하지만 급하지 않다는 이유로 많은 사람이 뒤로 미루고 또 미룬다. 지금 이렇게 정신없이 바쁜 이유는 그동안 B영역을 소홀히 했던 까닭이기도 하다. 그래서 B영역을 소홀히 하면 언젠가는 치명적인 결과로 내게 부메랑처럼 돌아온다.

C영역은 긴급하지만 중요하지는 않은 일들이다. 전화가 오는 경우 가장 긴급한 일이 될 수 있지만 쓸데없는 전화일 경우가 많다. 사무실로 찾아온 동기와 차 한잔 한다는 것이 몇 시간째 잡담을 나누고 있다. 친구와 통화 중 무심히 술 한잔 하자는 말이 빌미가 되어 2차, 3차를 전전하게 되는 경우다. 이렇게 우리는 갑자기 급하게 닥친 어떤 사안에 시간과 정력을 낭비하게 된다. 과감히 줄일 것들이다. 아이젠하워는 이러한 영역의 업무는 다른 사람에게 위임을 했다.

중요하지도 급하지도 않은 D영역. 쓸데없는 일은 모두 여기에 속한다고 볼 수 있는데, 여기에 쏟는 시간이 또 만만치가 않다. 아이젠하워는 아예 손을 대지 않았다고 하는 영역이다.

조금이라도 시간의 여유가 생긴다면 마음속에서 B의 영역이 떠올라야 한다. 그래서 시간관리의 전문가들은 하루하루 계획을 세우는 것에 대해서 그리 점수를 주지 않는다. 이유는 그렇게 하면 역시 급하고 덜 중요한 일들로 채워질 가능성이 매우 높기 때문이다. 그래서 B분면을 고려한

계획이 되기 위해서 장기적인 설계가 필요한 것이다.

장기적인 설계는 결국 인생에 대한 근원적인 성찰에서 나온다. 시간 관리는 곧 인생을 관리하는 것이다.

이 책에서 많이 언급하는 스티브 잡스도 시간을 낭비하는 회의가 되지 않도록 시작 전 명확한 목표를 설정하고, 회의 중에는 불필요한 얘기를 하지 않도록 했으며, 엘론 머스크 또한 특정 시간에만 이메일을 확인 처리하는 등의 원칙을 갖고 있었다. 세계적인 부와 힘을 갖고 있는 사람들도 시간 관리에 이토록 엄격한 것을 보면 고개가 숙여지기도 한다.

인생은 유한하다. 해야 할 일도 많고 하고 싶은 일도 많지만, 시간은 한정되어 있다. 그래서 '선택과 집중'을 하게 되는 것이다. 대학에 들어갈 때 전공을 하나 선택하는 이유이며, 결혼을 한 사람과 하게 되는 이유이기도 하다.

고정관념의 늪

다음은 고정관념에 대한 이야기를 할 때, 자주 쓰이는 문제다.

펜을 중간에 떼지 말고 4개의 직선만을 그려
9개의 점을 모두 통과하시오.

처음 이 문제를 접하면 바로 푸는 사람이 별로 없다. 심지어는 어디에선가 풀어봤다고 하면서도 답을 찾지 못하는 경우도 있다.

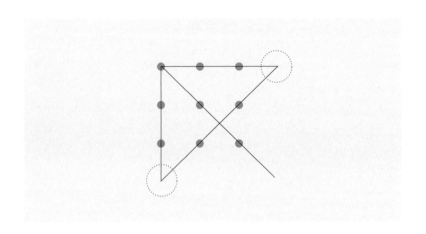

이 문제를 풀기 위해서는 직선이 점선으로 표시한 부분까지 넘어가야만 한다. 문제가 풀리지 않는 것은 무의식적으로 9개의 점이 표시하는 영역 안에서 해결해 보려는 데 있다. 왜 우리는 이 선을 넘어가지 못할까? 누구도 말한 적이 없지만 당연히 그래야 할 것이라 생각한다. 이렇게 '당연히 그럴 것이다' 외에는 다른 생각을 하지 않는 것. 그것이 '고정관념'이다.

1950년대 있었던 일이다. 영국의 컨테이너선 하나가 스코틀랜드에 정박해 있었다. 짐을 다 내린 후 선원 한 명이 냉동 컨테이너를 점검하기 위해 안으로 들어갔고, 다른 선원이 이러한 사실을 모른 채 밖에서 문을 잠가 버렸다. 배는 포르투갈을 향해 떠났고, 리스본 항에 도착했을 때 그 선원은 냉동실에서 죽은 상태로 발견됐다. 얼어 죽은 것이다. 그렇지만 냉동실은 가동도 되지 않았고, 안에는 먹을 것도 상당히 있는 상태였다. 죽을 이유가 없었던 것이다. 얼어 죽었다고 사람들이 생각하는 것은 본인이 얼어 죽어가는 고통의 과정을 벽에 빽빽이 기록해 놓았기 때문이다.

1950년대에 있었던 또 하나의 세계적인 일화다. 그때까지 인류는 1마일, 약 1.6km를 4분대에 뛰는 것은 불가능하다고 생각하였다. 심지어 생리학자들은 이 기록이 인간의 유전적 한계를 넘는 것이라 말했다. 그렇지만 로저 바니스터라는 옥스퍼드의 의대생은 이 말을 믿지 않았고, 결국 4분대의 기록을 깨는 최초의 사람이 된다.

재미있는 것은 그 이후의 일이다. 바니스터가 이 기록을 깬 직후 수백 명의 사람이 이 기록을 넘게 된다. 인류의 신체적 능력이 갑자기 상승한 것도 아닐 텐데 말이다. 그때도 올림픽이 있었고 이런저런 대회가 있어 선수들은 최선의 연습을 하고, 최고의 기량을 발휘하기 위해 노력했을 것이다. 그렇지만 앞에서 푼 문제에서 9개의 점 밖으로 나가려 하지 않은 것처럼 4분의 벽 안에서 최선을 다한 것이다. 고정관념이란 이렇게 전 인류적으로도 작용한다. 그래서 그런 고정관념을 깬 로저 바니스터를 우리는 위대하다고 하는 것이다.

김연아와 박태환은 우리의 고정관념을 깬 사람들이라는 이유로 위대하며, 한국 사회에 커다란 공헌을 하였다. 두 사람 모두 아시아인으로서는 불가능하다고 여겨지는 영역에서 세계를 제패했다. 엄청난 고정관념의 벽을 허물어뜨린 선구자의 역할을 한 것이다. 박세리 이후 한국에서 세계적인 골퍼들이 탄생했듯이, 피겨스케이팅과 수영의 분야에서도 분명 세계적 수준의 선수들이 우리 땅에서 나올 것이다.

이 외에도 고정 관념의 사례를 확장시키면 인종에 대한 편견, 성별 혹은 성소수자에 대한 인식 등을 들 수 있는데, 모든 것에서 유연해지도록 노력해야 한다. 그것이 세상의 변화를 잘 따라잡는 태도이자 생존의 방법이다.

리더십은 지위가 아닌 영향력

리더십이란 지위가 아닌 영향력이라고 한다. 흔히 리더하면 우리는 대통령·회장·CEO·장군 등을 떠올리지만 이러한 지위가 진정한 리더십의 근원은 아니라는 것이다.

제임스 스톡데일James Stockdale은 베트남 전쟁 시 포로가 되어 1965년부터 1973년까지 8년여의 기간을 '하노이 힐튼'이라는 악명 높은 전범수용소에서 지낸 미국의 해군 장성이다. 그는 햇빛조차 들어오지 않는 2평 남짓한 감방에서 고문으로 얼룩진 수용생활을 했다. 감방에서 그는 장군이라는 이유로 특히 더 심하게 인간으로서 품위를 지킬 수 없는 행동들을 강요당했다.

그는 비인간적인 수용생활 속에서도 상호 의사를 전달할 수 있는 암호를 개발해내고, 행동규칙을 만들어 미군 포로들에게 전달하기도 하면서 정신적 리더의 역할을 했다. 최악의 상황에 있었지만 그는 풀려날 것이라는 희망을 한시도 놓친 적이 없었다. 오히려 한 걸음 더 나아가 지금의 상황을 생애의 큰 전환점으로 삼겠다는 다짐을 확고히 하곤 했다.

그러던 중, 북 베트남 당국에서는 미국인 전쟁포로가 인간 이하의 취급을 받고 있다는 서방에 퍼진 소문을 불식시키기 위해 스톡데일을 선전용 포스터에 쓸 계획을 세우고, 마침내 그는 카메라 앞에 서게 된다. 여기서 스톡데일은 영웅적일 뿐 아니라 재치 있는 행동을 하는데, 나무걸상을 가지고 얼굴을 피범벅으로 만들고 면도칼로 자해를 한 것이다. 결국 촬영은 취소되었다. 이 이야기는 아무리 극단적인 상황에 처하게 되거나 힘이 없는 상황에 처해도 자신의 운명은 자신 스스로 결정할 수 있다는 것을 보여준다. 그는 충분히 영향력을 행사하여 북 베트남 정권의 계획을 수포로 만들었던 것이다.

우리는 어떠한 위치에 있을지라도 나름대로의 영향력을 발휘할 수 있으며 내가 속한 주변의 상황을 바꾸어 놓을 수 있다. 스톡데일은 긴박한 순간에서도 자신의 운명에 대한 결정권은 스스로에게 있다고 생각했고, 그러한 신념으로 자신의 운명을 바꾸어 놓았다. 결국 스톡데일은 석방되어 영웅으로 귀환하는 날을 맞게 된다. 그의 말대로 지난 모든 상황은 최악의 날들이 아닌 자신의 인생을 완성시켜주는 날들이 되었다.

　우리는 지위나 부를 척도로 리더 혹은 리더십을 떠올리지만, 진정한 리더, 리더십이란 내가 처해있는 상황에서 주체적인 생각으로 상황을 주도해 나가는 정신의 유무를 가리킨다고 볼 수 있다. 누구나 느낄 수 있을 것이다. 우리 주변을 돌아보면 나의 말 한마디, 행동 하나에 의해서 영향받을 사람들이 사실 얼마나 많을 수 있는가를.

스톡데일 패러독스

희망과 낙관의 차이

제임스 스톡데일은 혹독한 시련을 견디고 미국으로 귀환하여 영웅이 된다. 짐 콜린스는 『좋은 기업을 넘어 위대한 기업으로』에서 스톡데일과의 인상 깊었던 대화를 전한다. 그는 스톡데일과 그의 부인이 8년간 자신들이 겪은 일을 연대기 식으로 정리하며 한 장씩 번갈아 쓴 책 『In love and War』를 읽고 어떻게 그 어려운 상황을 견뎌낼 수 있었을까에 대한 질문을 한다.

"나는 이야기의 끝에 대한 믿음을 잃은 적이 없었어요. 나는 거기서 풀려날 거라는 희망을 추호도 의심한 적이 없거니와, 한 걸음 더 나아가 결국에는 성공하여 그 경험을, 돌이켜 보아도 바꾸지 않을 내 생애의 전기로 전환시키고 말겠노라고 굳게 다짐하곤 했습니다."

이 이야기를 들으면 '희망'이라는 것이 결국은 우리를 절망과 어둠 속에서도 구원해주는 '빛'이라는 것을 누구나 생각할 것이다. 짐 콜린스는 한 번 더 질문을 한다.

"견뎌내지 못한 사람들은 누구였습니까?"

"아, 그건 간단하지요. 낙관주의자들입니다."

"낙관주의자요? 이해가 안 가는데요."

그렇다. 낙관주의자들이 견뎌내지 못했다니! 그렇다면 희망을 잃지 않았다는 것과 낙관적으로 생각했다는 것과는 어떤 차이가 있는 것인가? 이에 대해 스톡데일은 다음과 같이 대답했다.

"낙관주의자들입니다. 그러니까 '크리스마스 때까지는 나갈 거야' 하고 말하던 사람들 말입니다. 그러다가 크리스마스가 오고, 크리스마스가 갑니다. 그러면 그들은 '부활절까지는 나갈 거야'라고 말합니다. 그리고 부활절이 오고, 다시 부활절이 가지요. 다음에는 추수감사절, 그리고는 다시 크리스마스를 고대합니다. 그러다가 상심해서 죽지요. 이건 매우 중요한 교훈입니다. 결국에는 성공할 거라는 믿음, 결단코 실패할 리 없다는 믿음과 그게 무엇이든 눈앞에 닥친 현실 속의 가장 냉혹한 사실들을 직시하는 규율을 결코 혼동해서는 안 됩니다."

희망은 갖되 냉철하게 현실을 인식하여 "그래! 분명히 풀려는 나겠지만 그것이 이번 크리스마스는 아닐 수도 있어!"라고 생각하면서 체력과 정신력을 가다듬어야 한다는 뜻으로 해석이 된다.

2008년, 미국의 서브프라임 모기지에서 출발한 세계 금융위기가 전 세계를 덮쳤다. 일부는 회복이 된 것으로 판단을 하기도 하고 또 한편에서는 여전히 부정적으로 보고 있다. 인류의 역사를 돌아보건대 이러한 난관도 언젠가는 끝이 나지 않겠는가? 인류는 그러한 지혜와 의지를 충분히 가지고 있다고 생각한다. 그렇지만 시기는 그야말로 내년이 될 수도 있고 최악의 경우는 수년이 걸릴 수도 있다고 생각하여야 한다. 희망은 갖지만 냉혹한 현실을 직시하면서 제자리 뛰기라도 하든가 팔굽혀펴기라도 하며 체력을 비축해 놓아야 할 것이다.

개인의 삶도 마찬가지일 것이다. 아무리 어려운 상황일지라도 희망을 잃어서는 안 된다. 희망을 잃으면 모든 것을 다 잃는 것이니까. 그렇지만 그것이 막연히 희망으로만 끝나서도 안 될 것이다. 현실이란 늘 냉혹한 면이 있으니까.

비전은 가슴을 뛰게 해야 한다

    비전이란 조직이나 국가가 정해진 일정 기간에 도달하고자 하는 목표를 말한다. 이것은 꿈과 희망을 담고 있어야 하며 그것을 이루었을 때의 모습을 생각하면 가슴이 뛰는 것이어야 한다. '5년 후 우리는 32평 아파트를 살 거야'라는 목표를 가지고 있다면 이것이 곧 비전이 되는 것이다. 이 생각을 하면 가슴이 설레고 현재의 고통도 참을 수 있으며 모든 행동 양식은 이 목표를 달성하는 데 적합하냐 그렇지 않느냐로 판가름이 된다. 가족 모두가 꿈을 이루기 위해 한 방향 정렬을 한다.

    우리나라의 비전은 무엇인가? 국민은 알고 있는가? 아니면 공무원은 잘 알고 있는가? 안타깝게도 우리는 '그림으로 그려지고' '가슴이 설레고' '누구나 공감하고 공유하는' 그런 비전을 갖고 있지 못하다. 현재의 '선진화를 통한 세계 일류국가'라는 국가비전은 앞서 말한 역할을 해주고 있지 못하다. 이유는 뭘까? 비전을 만드는데 너무 힘이 들어가서 그런 것이다. 또 너무 많은 것을 담으려했기 때문이다.

비전 이야기가 나오면 많은 사람이 싱가포르의 리콴유 수상의 '1·2·3·4·5 비전' 예를 자주 든다.

1. 싱가포르에 사는 모든 사람이 배우자를 만나 행복한 가정을 꾸리도록 하겠다.
2. 이렇게 가정을 이룬 사람들이 2명의 자녀를 둘 수 있도록 하겠다.
3. 모두가 방이 3개 딸린 집에서 살 수 있도록 하겠다.
4. 모두가 바퀴 4개 달린, 즉 자동차를 갖도록 하겠다.
5. 모두가 주급 5백 달러 이상을 벌 수 있는 나라로 만들겠다.

어떤가! 어렵지 않다. 이 비전을 생각하면 가슴이 뛰지 않겠는가? 비전이 제대로 달성되어가고 있는지 쉽게 체크해 볼 수 있다.

지금이라고 해서 이러한 비전을 만들지 못할 이유가 없다. 지난 정부에서 국가비전에 관여한 분과 이야기를 나눈 적이 있다. 그 분 또한 비전의 역할에 대해 너무도 잘 알고 있는 터라, 그렇게 만들어지지 못한 연유를 물어 봤다. 이유는 여러 분야의 요구와 주장을 담다 보니 그렇게 생각처럼 되지가 않더라는 것이다. 결국 추상적으로 만들어지고 이것은 있으나 마나 한 선언이 되고 마는 것이다.

비전은 공유되어야 의미가 있다. 비전이 무엇인지도 모르는데 공유가 될 리 없다. 비전이 공유되면 공무원은 물론 국민도 한 방향으로 움직일 수 있다. 목표를 향해 한 방향으로 움직일 때 상상할 수 없는 에너지와 성과를 이루게 된다. 우리 근대화의 기적은 이렇게 이루어진 것이다.

세상이 급변하고 있는 마당에 비전이 꼭 5년을 가야 하는 것은 아니다. 세계적 기업도 사업계획을 분기마다 수정하고 있다. 현 정부의 남은 4년 동안 우리의 가슴을 설레게 해줄 섹시한 비전은 불가능한 것일까? 우리의 가슴을 설레게 하는 것이 꼭 경제·돈과 관련이 있는 것만은 아니다. 우리 모두 어깨에 힘을 빼고 지혜를 합쳐볼 때다.

이 대목에서 남아프리카 공화국의 인종 차별을 극복하고 평등한 사회를 이루기 위한 원대한 비전을 가졌던 넬슨 만델라를 언급하지 않을 수 없다. 종신형을 받고 27년간 복역하면서 세계적인 인권운동의 상징적 존재가 되었던 분이다. 만델라는 인종 간 조화와 상호 이해를 촉진하며, 분리주의 체제의 종식 이후에도 다양한 문화를 포용하는 태도를 보여주었다. 이러한 태도는 복잡하고 다양한 사회를 이끌기 위한 필수 역량이라 할 수 있다. 이런 것이 지도자의 모습이다. 유능하고 부지런한 단일한 핏줄의 사람들조차 분열시키고 있는 지도자는 안 된다. 그리고 보니 비전은 너무 먼 얘기처럼 느껴진다.

Female, Feeling, Fiction의 시대

Female의 시대는 여성 혹은 '여성성의 시대'라는 것이다. 사관학교, 경찰대학 등의 입학과 졸업에서 수석의 영광을 여성이 차지하는 일이 잦아지고 있다. 민관을 포함한 모든 조직에서 여성의 비율은 조만간 30%에 육박할 것으로 보고 있다. 여성의 입장에서는 사회 곳곳에 아직도 남성 중심적이고 차별적인 요소가 많겠지만 세상은 빠르게 평등을 향해 달려가고 있다. 여성이 가정과 사회에서 차지하는 비중이 커지면서 제일 먼저 바뀌는 것이 커뮤니케이션 방법이다. 갈등의 해결을 퇴근 후 술 한잔이 아니라, 근무 중 대화로 해결해야 한다. 이것이 힘들고 어색하면 직장생활이 어려워진다. 각종 고시에서 여성 합격자의 비율이 절반을 넘어선 지오래고, 여성 상사를 모셔야 하는 경우도 많아졌다. 그래서 요즘은 여성과 대화하는 방법에 대한 교육이 별도로 이루어질 정도다.

『화성에서 온 남자, 금성에서 온 여자』라는 책의 제목만큼이나 남녀는 다른 특징을 갖고 있다. 다른 것은 '틀린 것'이 아님에도 우리는 서로를 틀리게 생각하고 있다. 틀리다는 잘못되었다는 뜻 아닌가! 문제 해결·정보 전달 지향의 남성적 언어와, 공감·배려 지향적인 여성의 언어를 서로가 공부하고 이해하지 않으면 갈등의 폭이 커질 수밖에 없다. 그동안 남자답다는 평을 많이 받았을수록 공부해야 할 영역이 많을 것이다.

Feeling의 시대란 '감성의 시대'라는 것이다. 브랜드와 디자인이 중요해졌고, 잘나가는 브랜드와 디자인은 인간의 숨은 욕망을 어루만져 준다. 최근 유행하는 핸드폰의 특성은 '스타일과 개성'이다. 회사에서 마케팅과 디자인을 총괄하는 분의 마인드가 오직 '기능과 성능' 중심에 머무르고 있다면 퇴출 대상이 될 수밖에 없을 것이다.

'필feel이 꽂혔다'라는 표현이 이제는 저속하지 않다. 그만큼 느낌의 중요성에 공감하고 있기 때문이다. 이 '필'이란 것이 지나치게 유행에 편승하고 상업적 의도에 따라 자신도 모르게 조종되는 측면이 있지만 그 정도는 감수할 일이다. 때로는 이런 모습에 기성세대가 눈살을 찌푸리기도 하지만, 본인들 또한 일정 부분 덕을 보고 있다. 무게 잡고, 폼 잡고, 어른스러워야 된다는 짐들을 상당 부분 내려놓게 해준 것이다. 억눌렸던 감정과 표현들을 자연스럽게 노출해도 흉이 되지 않는 세상이 되었으니 얼마나 좋은가!

Fiction의 시대란 '이야기의 시대'를 말한다. 세상이 오직 진실과 사실만으로 움직인다는 것도 끔찍한 일이다. 우리가 어려서 들었던 동화들은 대부분 실제의 이야기가 아니다. 호랑이가 그 언젠가 담배를 피웠을 리 없고, 인어공주가 바다 속에서 나와 왕자와 사랑에 빠졌을 리도 없다. 하지만 영화 〈귀여운 여인〉에서처럼 줄리아 로버츠와 리처드 기어의 그런 '사랑 이야기'가 없다면 세상은 얼마나 삭막하겠는가! 이야기는 우리를 꿈꾸게 만들어 준다. 현실의 어려움을 잊게 해주는 것이다. 이야기가 없다면 희망도 없을 것이다. 인간의 기본 욕구들이 해결된 세상이 되었으니 이제 꿈을 꾸며 살 때도 되었다.

이런 3F의 시대에서 잘 살기 위해서는 '유연'해지는 것이 필수다. 경직되어서는 따라갈 수 없고 갈등의 연속일 수밖에 없다. "강한 자가 살아남는 것이 아니라 변화에 적응하는 자가 살아남는다." 역시 유연함을 강조한 말이다. '강한 것'의 상위 개념은 그래서 늘 '부드러움'이 되는 것이다. 옛 현인들도 '상선약수上善若水'라 하지 않았던가!

최고의 경지는 모순의 매니지먼트

아는 게 힘일까, 모르는 게 약일까? 침묵은 금일까, 말은 뱉어야 맛일까?

"유능한 경영자가 되기 위해서는 아랫사람에게 일을 위임하고 세세한 부분에 대해서는 참견하지 말아야 한다."고 주장하는 사람이 있는가 하면, 루슨트테크놀러지스의 CEO 팻 루소는 "높은 곳에 있는 리더들, 전체적인 그림만 보는 리더들은 문제에 부딪힙니다. 저는 CEO가 하는 일이 실무적이지 않으면 안 된다고 봐요. 비즈니스에서 실제로 무슨 일이 진행되는지 알지 못하면 어떻게 회사를 운영할 수 있겠어요?"라고 말한다.

인생에 정답이 없다고 하는데 정말 그런가? 경지가 높아질수록 흑과

백의 경계는 희미해지고 단정적으로 말하고 표현하는 것이 어려워진다. 그래서 최고의 지혜는 대체로 모순을 수용하는 형태가 된다. '박이정博而精'이라는 말은 '여러 방면으로 두루 알면서도 깊게 안다', 즉 '나무도 보고 숲도 봐야 한다'는 뜻이다. 숲을 보는 중요성에 대해 강조한 사람과 주마간산의 폐해에 대해 이야기를 한 누군가가 있었을 것이다. 결국은 둘 중 어느 것이 더 중요하다고 말할 수 없다는 것을 깨닫게 된 후, 이런 말이 탄생을 했을 것이다.

칙센트 미하이 교수는 『몰입의 즐거움』에서 우주의 미래가 자신의 한 손에 달려있다는 생각을 한시도 접지 말라고 하면서, 자신이 하는 일이 대단한 일이라는 생각이 고개를 들 때마다 그것을 비웃으라 하였다. 또한 이처럼 진지한 유희의 정신이 살아있고, 근심과 겸손이 조화를 이루어야만 사람은 어딘가에 전념하면서도 무심함을 잃지 않을 수 있다고 했다. 결국 호연지기와 겸손함, 유희와 진지함이라는 모순을 조화하는 것이 필요하다는 쉽지 않은 이야기다.

『위대한 개츠비』의 작가 피츠제럴드는 "최고 정신의 특징은 두 가지 모순되는 아이디어를 동시에 가지고 있으면서도 생각하는 능력을 여전히 잃지 않는 것"이라고 말했다. 선禪 교육과정에서 행하는 훈련 중 하나는 24시간 이내에 죽는다고 예측하면서도 100년 동안 산다고 마음속으로 상상하는 것이다. 이런 두 가지 생각을 동시에 품을 수 있는 능력은 자신으로 하여금 지금 이 순간에 더 큰 명료성과 침착함을 가지고 정신을 집중할 수 있게 한다. (『한가지로 승부하라』, 21세기북스)

기업분석의 대모라 불리는 하버드대의 로사베스 모스 캔터 교수는 350여 개 선도기업의 CEO를 인터뷰한 후 공통점을 찾아냈는데 이들 기업들은 '보다 큰 가치, 가슴 뭉클한 비전을 공유, 글로벌화와 로컬화 등 상반되는 목표를 절묘하게 조화'했다는 것이다. 로컬화만 중요한 것이 아니고 글로벌화만 중요한 것도 아니다. 어찌 그렇지 않겠는가! 기업의 혁신은 점진적으로 이루어져야 하는가, 아니면 급진적으로 이루어져야 하는가에 대해서도 혁신에 성공하기 위해서는 Walking과 Jumping이 맞물려 일어나야 한다고 조언한다. 한 가지 방법만으로 되지 않는다는 뜻이다.

야마다 도요코는 그의 저서 『Made in 브랜드』에서 명품 경영은 '브랜드의 전통'이라는 영원성과 '유행'이라는 순간의 빛 사이를 오가는 외줄타기라고 표현하고 있다.

또 어느 기사에서 "현대 소비가치의 핵심은 바로 모순된 것의 공존에 있다. 다양한 기능을 작은 기기에 담아야 하고, 복잡한 성능일수록 쉽게 사용할 수 있어야 한다. 소비자들은 아름다운 스타일에 강한 힘을 가진 자동차나, 영양이 듬뿍 들어있으면서도 맛있는 우유를 원한다."라는 글을 읽은 적이 있다.

성경과 불경은 글쓰기가 출발하고 지향하는 두 개의 극단적인 지점을 보여 준다. 하나는 언어에 있어 무한한 숭배와 긍정을 바탕으로 이루어지는 글쓰기이며, 다른 하나는 언어에 대한 철저한 한계 인식과 부정 속에서 이루어지는 글쓰기이다. 문학적 글쓰기는 이러한 두 극단의 지점을 오가며 이루어진다고 한다. 두 지점 사이에 중간적 존재로서 고뇌하는 인간의 영역이 있다. (『글쓰기의 최소원칙』, 룩스문디)

최고의 경지란 이러한 모순의 지혜로운 조화와 매니지먼트Management에 있다. 요즘 젊은 친구들은 이런 경지를 "자~알~"이라고 하던데, 기가 막힌 표현이다.

사회적 자본 '신뢰'

스웨덴	6.63점
일 본	4.31점
한 국	2.73점

　무슨 점수일까? 각국의 신뢰지수이다. 세계 10대 경제대국, IT강국 같은 좋은 이야기만 듣다가 참으로 실망스런 숫자를 접하게 됐다. "우리나라가 OECD 국가들의 평균적인 수준의 법과 질서를 유지했다면 1991~2000년, 10년간 매년 1% 내외의 추가적인 경제성장을 이루었을

것"이라는 KDI의 연구 결과다. 요즘 마이너스 성장이냐 플러스 성장이냐를 놓고 첨예하게 따지는 정치권을 보아도 1%라는 수치가 얼마나 중요한 개념인지 경제의 문외한이라도 가늠해볼 수 있을 것이다.

신뢰가 낮다는 것은 모두가 코스트, 즉 비용으로 전환이 된다. 누군가와 사업을 도모하려 할 때도 신뢰 형성을 위해 많은 초기비용이 들어간다. 여기에는 술이 매개체가 되기도 한다. 우리나라 사람들은 동업이 어렵다는 말도 신뢰지수가 낮다는 것의 다른 표현일 뿐이다.

"2000년 한 해 동안 한국에서 위증으로 기소된 사람은 1,198명으로 일본의 5명에 비해 240배, 인구를 감안하면 671배나 되고, 무고로 기소된 사람은 2,965명으로 일본의 2명에 비해 1,483배, 인구를 감안하면 4,151배나 된다. 그 격차는 오히려 늘어나고 있다."는 통계자료가 있다.

"2008년 일본청소년연구소가 한국, 일본, 중국, 미국의 고교생 1,000~1,500명을 대상으로 조사를 했는데 한국 학생들의 50.4%는 "부자가 되는 게 성공한 인생"이라고 응답했다. 일본은 33%, 중국은 27%, 미국은 22.1%였으며, "돈을 벌기 위해선 어떤 수단을 써도 괜찮다."는 설문에 대해서는 한국 학생 23.3%가 동의해서 미국 21.2%, 일본 13.4%, 중국 5.6%보다 많았다. 그리고 "돈으로 권력을 살 수 있다고 생각한다."는 항목에도 한국 학생은 54.3%나 동의했는데, 미국·일본·중국은 30%대였다."라는 걱정스러운 설문 결과도 있다.

사회 전체가 불신으로 막혀 있고 오직 믿을 것은 돈 밖에 없는 것처럼 흘러가고 있다. 왜 우리는 서로를 불신하는 것일까?

위의 통계들은 시간이 제법 된 것들이지만 최근의 통계 또한 더하면 더했지 나아지지 않았다는 확신이다.

학자들은 그 연유를 한국전쟁에서 찾기도 한다. 전쟁 중에 전국의 거의 모든 지역이 수차례에 걸쳐 점령과 수복의 과정을 반복했고, 이러한 과정 중에 이웃과 친족을 가리지 않는 살육과 복수극이 벌어져 불신이라는 것이 차라리 생존을 위해 불가피한 선택이 되었다는 설명이다. 역시 전쟁은 비극이다. 우리는 아직도 전쟁의 상흔을 안고 살고 있는 것이다.

그렇지만 이제는 벗어나야 되지 않겠는가? 우리가 살고 있고 후손에 물려줄 이 땅, 이 환경을 이렇게 조악하게 끌고 갈 수는 없다. 사람과 사람의 관계가 이렇게 피곤해서야 어찌 살 수 있겠는가! 이를 개선하는 길은 역시 소통에 있다는 것이 또한 식견 있는 사람들의 공통된 의견이다. 세대 간·계층 간·지역 간 모든 곳에서 소통이 원활해야 한다. 스웨덴·아일랜드·네덜란드 등이 소통을 통해 사회갈등을 극복하고 사회 대통합을 이뤄 선진사회를 이룬 좋은 사례다. 그래서 커뮤니케이션이라는 말이 세계적으로 중요한 덕목이 되고 있다.

통섭의 시대

통섭이라는 말은 최재천 교수가 에드워드 오스본 윌슨Edward Osborne Wilson의 'Consilience'를 '통섭統攝'으로 번역하면서 본격적으로 쓰이게 된 말이다. 통합, 융합, 통섭. 비슷하면서도 다른 의미를 최 교수는 이렇게 해석하였다. 통합은 '상당히 이질적이고 물리적인 단위들을 그냥 묶는 과정'이라는 것이다. 대학에서 가끔 벌어지는 학과 통합처럼 원하건 원하지 않건 물리적으로 두 단위를 합치는 것으로, 통합신당이라는 것 역시 비슷한 의미이다. 융합이라는 단어의 사전적 의미를 봐도 '하나 이상의 것이 녹아서 하나 됨'이라고 되어 있다. 이것은 다분히 화학적 합침이다. 통합이 물리적 합침이라면 융합은 화학적 합침이다. 즉, 녹았다는 뜻이다. 그런데 선생님들이 설명하기를 통섭은 녹아 합쳐진 곳에서 뭔가 새로운 것이 만들어져야 한다는 개념으로 말한다. 새로운 것이 탄생해야 한다는 의미에서 통섭은 생물학적 합침이다. (『글쓰기의 최소원칙』, 룩스문디)

전공·직업 등이 세분화·전문화 되다 보니 다시 이를 통합하는 기능·역량 등이 필요해지고 있다. 음악·미술·공학이 합쳐 '미디어아트공학과'로 탄생을 하고, 화학·재료공학·기계공학·의학 등이 합쳐 '나노바이오공학과'가 생겨나는 식이다. 경제학은 심리학과 만나 '행동경제학'과 같은 새로운 이론을 탄생시키고 있다.

기업에서는 'T자형 인간'이라 하여 자기 분야는 물론 다른 분야에도 일가견이 있는 인재를 요구하고 있다. 법조계에도 물리학이나 의학 전공자의 진출이 늘고 있는 것 역시 같은 현상이다.

일회용 종이컵을 어떤 용도로 사용할 수 있는지 적어 보라는 '브레인라이팅'을 시켜볼 때가 있다. '물컵, 동전 담기, 연필꽂이, 화분…' 오직 담는 용도로만 생각한다면 이를 '지향적 사고'라 할 수 있다. 오직 한 방향으로만 생각하는 것이다. 이런 담는 기능 외에 '장난감 전화, 고깔모자, 찢어서 펼쳐 작은 부채…' 다양한 용도를 동시에 생각할 수 있다면 이는 '교차적 사고'를 하고 있는 것이라 할 수 있다.

만약 한 분야 내부에서만 움직인다면, 주로 특정한 분야의 개념을 결합시키거나, 특정한 방향으로 발전하는 아이디어만 만들어내게 된다. 그것을 '지향적指向的 아이디어'라 부른다. 또 다른 한편으로 다양한 분야들이 한곳에서 만나는 교차점에서는 수많은 개념들을 결합시키면서 전혀 새로운 방향으로 비약하는 아이디어를 만들어낼 수 있는데, 그것은 '교차적交叉的 아이디어'라고 한다. (『메디치 효과』, 세종서적)

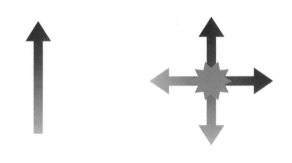

지향적 vs 교차적

교차점에서는 폭발적인 아이디어의 확산이 일어나고 혁신적인 발상이 생겨난다. 한국무용에서 표현할 수 있는 방법이 기본적으로 100가지 있다고 하자. 발레에서 표현할 수 있는 방법이 또 100가지 있다고 한다면, 양쪽을 깊이 있게 체험한 사람은 '100 × 100', 즉 1만 가지의 표현방법을 떠 올리게 되는 것이다. 한국 요리를 공부한 사람이 중식·일식·양식의 기술을 겸비한다면 여기에서 융합되어 나오는 응용의 가짓수는 이루 헤아릴 수가 없을 것이다.

문제는 이런 경지가 되기 위해서는 다른 영역이라 할지라도 수박 겉핥

기여서는 안 된다는 것이다. 넓으면서도 상당한 깊이가 있어야 한다. 한 분야를 잘하기도 힘든데 다른 분야마저 잘해야 한다는 말이니 상당한 노력과 재능이 요구된다. 최재천 교수는 김장독을 깊이 묻기 위해서는 넓게 파기 시작해야 한다는 예를 들어 설명한다. 궁극적으로 깊게, 넓게 파려면 혼자의 힘으로는 안 되고 학문 간, 다른 영역 간 협력이 일어나야 한다.

통섭의 개념이 확장되면 서로를 알게 되고 이해하게 된다. 그래서 최 교수는 '알면 사랑하게 된다'고 표현한다. 최 교수가 든 예를 보자.

저희 집에 도둑님이 드셨는데 경찰서에서 잡겠다고 그럽니다. 어느 날 물어보니 사실 못 잡는대요. 그런데 가만히 생각해보니 이게 잡으면 더 고민이겠다는 생각이 들더라고요. 도둑을 잡으면 파출소에서 저한테 연락을 할 테고, 그럼 제가 뛰어가서 "아니, 당신 뭐하는 사람이야."하고 소리를 지르겠죠, "내 거 도로 내놔라."라면서. 그럼 그 양반이 "노모가 몸져누워 계시고…" 등등 뭐 이런 얘기를 하기 시작해서, 제가 그 양반에 대해서 뭔가 알아버리면 그 다음에 제가 그 양반에게서 뭘 돌려받겠습니까. 잘못하면 제가 또 지갑 꺼내서 몇 만 원 집어주고 "집에 가실 때 맛있는 거라도 사가지고 들어가시라."고, 거기다 만약 또 길어져서 포장마차에라도 함께 가서 밤새도록 술 마시다 새벽녘에 나오면 난 그 양반 친구가 될 수밖에 없을 거다, 이런 생각이 들어요. (『글쓰기의 최소원칙』, 룩스문디)

세계는 상상할 수 없을 정도로 급격히 가까워졌다. 음식도 퓨전이 유행이고 우리 주변에는 다문화 가정이 급속히 늘고 있다. 그런 가운데도 개개인은 점점 소외된 느낌, 고립된 느낌을 받는다. '빨리빨리 문화'가 IT산업에 강점이 되었다는 것처럼, '비빔밥'을 개발한 우리 민족에게 또 통섭에 유리한 유전자가 있는 것은 아닐까? 통섭이 학문에서만 일어날 일이 아니고 우리 삶의 방식 속에 용해되어 들어와야 할 것이다.

휴브리스와 제로베이스 사고

영국의 역사학자이자 문명 비판가인 토인비Arnold Joseph Toynbee는 '과거에 성공한 사람이 자신의 능력과 방법을 우상화함으로써 오류에 빠지게 됨'을 휴브리스Hubris라는 말로 지적한 바 있다.

성공의 경험은 동전의 양면과 같아서, 또 다른 성공을 위한 자산이 되기도 하지만 실패의 원인이 될 수도 있다. 최근 이런 이야기를 자주 접하게 되는 것은 그만큼 우리를 둘러싼 환경이 급격히 변하고 있기 때문이다. 경험이란 소중한 자산이지만 경험과 습관의 범위 안에서만 생각하는 것은 경계해야 한다. 이렇게 기존의 틀에서 벗어나 생각하는 것을 제로베이스 사고라 한다. 즉, 백지 상태에서 사고하는 것이다. 이는 고정관념에서 벗어나라는 말과도 같은 것이어서 결코 쉽지는 않다. 성공한 기업들 중에 과거의 강점이 현재의 약점으로 변하고 있음을 간파하지 못하여 시대에 뒤쳐지게 되는 경우를 종종 보게 된다. 이유는 최고 경영자들이 과거의 성공을 발판으로 그 자리에 앉은 사람들이기 때문이다.

기업과 조직이 제로베이스 사고를 충실히 이행하는 방법은 결국 철저히 고객의 입장에서 생각하는 것이다. 그것이야말로 휴브리스에서 벗어나는 것이다. 세상에 고객이 없는 업※은 없다.

'삼천리'라는 회사가 있다. 자전거로 유명한 삼천리도 있지만 연탄을 만들던 삼천리 회사의 이야기다. 연탄 산업의 영광에서 생각이 머물렀다면 매출 2조 원대의 도시가스 회사로의 변신은 불가능했을 것이다. 지금은 다시 해외 유전 개발에 나서는 등 종합 에너지 회사로 변신을 꾀하고 있는 중이다. 또한 우리가 알고 있는 제일모직은 패션 회사이다. 그렇지만 지금은 화학 전자재료가 회사 매출의 60% 이상을 차지하고 있다. 애니콜의 외장재로 쓰이는 첨단 소재 등도 이 회사에서 공급했다. 모두가 고객의 소리를 예민하게 청취하고 세상의 변화를 민감하게 주시했기 때문에 가능했던 결과다.

도미노 피자는 주문을 하고 기다리는 소비자의 마음을 간파하여 30분 안에 배달하지 못하면 자신들이 벌금을 내겠다고 하면서 성공했고, 누군가에게 직접, 빨리 전달하고 싶은 사람들의 마음을 읽어 오늘날의 택배 산업이 탄생했다. 이것이 본업이던 우체국은 오히려 뒤늦게 이 사업에 뛰어 들었다. 과거의 명성에만 사로잡혀 고객의 마음을 읽지 못하면 실패할 수밖에 없다. 월트디즈니가 오랫동안 방황을 한 것은 만화영화가 2D에서 3D로 전환되었음을 인정하지 않았기 때문이다. 컴퓨터 산업의 발전으로 2D로는 도저히 불가능한 섬세한 표현들을 3D로 구현할 수 있게 되었고 영화제작도 훨씬 간편해졌다. 이렇게 판이 바뀌었음에도 불구하고 디즈니는 문제의 원인을 스토리에서 찾는 등 과거의 패러다임에서 벗어나지 못했던 것이다.

스타벅스 역시 과거의 성공 방식에 잠시 안주하여 주춤하면서 실패 사례로도 거론되었으나, 시대의 변화에 맞춰 유연한 방식으로 경영 부진을 타파하였다. 오직 커피만을 팔던 정책에서 '음식' 판매로 길을 확장하고, 일부 국가에서는 '술'을 팔기도 한다. 더불어 배달까지 하면서 위기를 돌파하는 좋은 사례를 보여 주었다.

기업의 사례를 몇 건 들었지만 국가의 지도자가 휴브리스에 빠져 세상의 변화를 읽지 못하고 국민의 소리를 듣지 못한다면 이는 실로 엄청난 재앙이 될 수밖에 없다. 국가의 성장과 발전을 위해, 진행되는 모든 일들이 휴브리스가 아닌 제로베이스 사고이기를 바라는 마음이다.

인간은 합리적이지 않다 - 행동경제학

애덤 스미스 이래 주류 경제학이 전제하고 있는 인간은 '매우 똑똑하고 합리적이며 의지도 있는' 그런 존재였다. 그렇지만 실제로는 어떤가? 눈과 귀가 솔깃하여 계획에 없던 물건을 사서 후회하기도 하고, 다이어트를 한다면서 폭식하기도 하고, 말도 안 되는 바가지를 쓰면서 2차, 3차 술집을 전전하기도 하는 '어리석고 비합리적이며 의지도 박약한' 자연인이 아니던가!

행동경제학은 이런 '비합리성'을 인정하고 받아들인다. 여기에서의 비합리성은 덮어놓고 제멋대로이며 어디로 튈지 모른다는 의미가 아니라 완전히 합리적이지는 않다는 뜻이다. 따라서 비합리적이긴 하나 일정한 경향이 있고, 이는 예측 가능하다고 본다. 여기에 심리학이 개입하게 되고 인지공학적 연구가 결합이 된다. 합리적 결정을 하기 위해서는 먼저 필요한 정보를 완벽히 소화해야 하는 것인데 여기서부터 인간에게는 불가능한 상황이 전제가 된다. 1초에 처리하는 정보량은 눈이 천만 비트, 귀가 백만 비트, 코가 십만 비트인데 사람이 의식하는 정보는 40비트밖에 되지 않는다는 것이다. 그러니 완벽한 판단이란 것은 원천적으로 불가능한 것이 된다.

그래서 합리적인 통계보다도 사람들의 이야기에 끌려 다니는 '스토리텔링'이 뜨고 있는 것이다. 미국에서는 할로윈 때, 아이들이 이 집 저 집을 다니면서 사탕이나 초콜릿을 얻는 풍습이 있다. 이때 부모들은 혹시 잘못된 먹을 것으로 아이들에게 무슨 일이 생기지 않을까 걱정한다고 한다. 이제껏 그런 일은 한 번도 없었지만 어디에선가 그런 얘기를 들은 적이 있기 때문이다. 올 여름에도 한국에서는 많은 사람이 보신탕을 먹을 것이다. 집에서 기르던 개가 병이 들면 보신탕집으로 간다는 얘기부터 아무런 시설도 갖추지 않은 곳에서 비위생적으로 처리되는 사육·도축 과정이 문제로 지적이 되고 있다. 이는 동물권을 떠나 국민의 건강을 위해서라도 반드시 법의 테두리 안에서 관리 감독을 받아야 할 문제다. 그렇지만 이러한 논쟁은 늘 합리적으로 진행되지 않는다. 국민의 대다수가 먹고 있는 엄연한 현실에도 불구하고 '개고기 먹는 것을 어떻게 합법화 할 수 있느냐'는 원초적인 다툼에서 한 발도 나아가지 못한다.

'확증편향'이라고 하는 것은 이러한 인간의 특징을 잘 설명해 준다. 듣고 싶은 것만 듣고 그렇지 않은 것은 듣지 않는 속성이다. 보수적인 사람은 보수적인 언론만을 접하면서 본인의 생각을 더욱 고정화시킨다. 물론 진보적인 사람의 경우도 마찬가지다. 미국의 로스쿨은 균형 있는 생각을 가르치는 대표적인 곳이라 할 수 있다. 재판이란 공정해야 하는 것이니까. 그런 교육 후에도 어떤 문제에 대해서 리포트를 쓰라고 했을 때 많은 학생이 자기가 찬성하는 쪽으로는 탁월하게 입장을 피력했지만, 반대하는 사람들의 입장이나 우려는 언급조차 하지 못했다고 한다.

보고 싶은 대로 세상을 본다

곰이 동물원 우리에서 탈출했다는 보고를 받고 119에서 출동했다. 곰은 아직 동물원 밖을 나가지 않은 상태였지만, 이곳저곳에서 곰을 봤다는 제보가 들어왔다고 한다.

한 심리학자가 운전 중 방송과 전화 인터뷰를 하면서 지금 UFO가 지나가는 것을 목격했다고 거짓말을 했더니, 그 주변에서 많은 사람이 같은 것을 보았다고 방송국에 전화를 했다.

무료로 점을 봐 주겠다고 광고를 하고는 이에 응한 수백 명에게 같은 점괘를 보내주었는데 95%에 가까운 사람들이 잘 맞는다고 대답했다고 한다. 이를 '포러 효과'라고 한다.

투시력으로 숨겨져 있는 물건을 볼 수 있다거나, 텔레파시로 남과 교류할 수 있다는 이야기, 집에 귀신이 들 수 있다거나 외계인이 존재한다는 사실 등을 믿는 사람이 70%가 넘는다고 한다. 제임스 랜디라는 사람은 위와 같은 일이 일어나는 것을 자기에게 보여줄 수 있다면 언제라도 백만 불을 지불하겠다며 사이트(www.randi.org)를 운영하고 있다. 몇 십 년이 되었지만 이 돈을 타간 사람은 아무도 없다. 그렇지만 매스컴은 매일 이런 신비한 얘기로 한 면을 장식한다.

우리의 기억은 부정확하며 시간이 지나면 재생산되는 속성이 있다. 그렇지만 사람들은 자신의 기억을 확신하곤 한다. 한때 미국에서 우울증 치료의 방법으로 최면 요법이 유행했었다. 이런 치료를 받던 많은 여성이 아버지에게 어려서 성폭행을 당했다는 기억을 끄집어내고, 이로 인해 실제 아버지들이 잡혀가는 상황이 벌어졌다. 이상하게 생각한 심리학자들이 연구를 했고, 결국은 좋지 않은 과거를 생각토록 강요하는 과정에서 뇌가 전혀 없었던 기억을 만들어낸다는 사실을 밝혀내게 되었다.

틀 속에서 생각하기

의사가 환자와 치료에 대해 의논한다. 이들 중 반에게는 수술을 받으면 1년 후 살 확률이 68%라고 하고, 다른 반에게는 죽을 확률이 32%라고 했다. 그러자 전자의 경우는 75%가 수술을 선택한 반면, 후자는 58%

만 수술을 선택했다고 한다.

이런 사례들은 나약하고 부족한 인간의 모습을 적나라하게 보여준다. 그래서 오만했고 확신에 차 주장을 하던 과거의 모습들이 부끄럽게 떠오르기도 하고, 한편으로는 서로 보듬어 줘야 할 애틋한 존재로 생각되기도 한다.

이렇듯 인간에 대한 발전된 이해를 어떻게 활용할 것인가의 문제가 중요하다. 이런 심리와 메커니즘을 사업에 이용할 수도, 훌륭한 의사결정을 위해 참고할 수도 있다. 제일 바람직한 것은 우리의 겸손과 관용을 증진하는 데 쓰는 것이 아닐까? 따뜻한 세상을 위하여!

인간은 자신의 뒷모습을 볼 수 없다

자신의 뒷모습 전체를 바로 보기는 우리의 신체 구조상 불가능하다. 설혹 거울을 이용한다 해도 비스듬하게 일부분만 볼 수 있을 뿐이다. 우연히 사진에 찍힌 자신의 뒷모습을 보게 되면 어떤 느낌인가? 대체로 아주 어색해 한다. 그도 그럴 것이 처음 보는 모습이기 때문이다. 뒷모습도 한 사람 이미지의 주요 부분을 차지하는데 우리는 모르고, 잊고 살아가는 것이다. 육영수 여사는 결혼 전 박정희 대통령이 군화 끈을 매는 뒷모습에서 큰 사람의 모습을 봤다고 한다. 본인은 영원히 보지 못하는 모습이다.

한 TV 프로그램에서 신년 산행을 하는 사람들과 인터뷰하는 장면을 보았다. 눈이 내리는 가운데 어렵게 올라가는 모습들이 신년 각오를 다지는 비장한 의식처럼 보였다. 어떤 이유로 산행을 하게 되었느냐는 아나운서의 질문에 "사람들한테 배신을 당했습니다. 마음도 많이 아팠고 세상이 싫어지기도 했는데 오늘 여기서 다 잊어버리고 새 출발하려고 합니다." 몇 사람이나 그런 대답을 하는 것이었다. "제가 사람들한테 진실하게 하지 못해 반성하러 올라왔습니다. 새해부터는 정직하게 베풀면서 살도록 하겠습니다."라는 대답을 하는 경우는 없었다. 물론 방송이니까 그렇게 편집이 되었을 수도 있지만, 실제로 사람들은 이렇게 자기중심적으로 생각하는 경향이 있다.

퀴즈 프로그램을 보면서 출연진이 쉽게 풀고 있는 문제를 내가 모른다고 해서 특별히 자책하는 사람은 없다. 하지만 내가 아는 문제가 나왔는데 출연진들이 못 맞추고 있다면 그냥 넘어가지 않는다. "야~ 저기까지 나온 사람들이 어떻게 저런 문제도 모르지. 바보 아냐?"

자동차의 사이드 리어 미러로도 확인되지 않는 부분을 사각지대라 하듯이, 이런 우리의 모습을 '맹점'이라고 한다. 이러한 맹점은 개인뿐 아니라 인종·종교·민족 간에도 존재한다. 맹점이 누구에게나 있다는 것을 깊이 인식하게 되면 남을 인정하게 되는 새로운 경지가 펼쳐진다.

세상 사람들은 자기를 '표준'으로, '상식적인 사람'으로, '편견도 덜한 사람'으로, '운전도 남보다 잘하는 사람'으로 알고 있다고 한다. 모두 자기중심적인 것이다.

기관에서 강의를 하게 되면 책임을 맡고 있는 사람이 차 한잔을 대접하며 이렇게 말한다. "세상은 무섭게 변하는데 직원들이 쉽게 변화하질 않습니다. 교육을 통해서 마인드를 좀 바꿔 주세요." 반면에 교육을 받는 직원들은 "변화는 위에서부터 이루어져야 되는 것인데 참 답답합니다." 라고 한다.

다양한 사람들의 생각이 인정되어야 한다는 메시지를 전달하기 위해 강의 중 '모든 사람이 묵묵히 있는데 한 사람만이 손을 들고 주장하는 그림'을 보여주며 "무슨 생각이 드시나요?"하고 질문을 하면, "모두가 Yes 할 때, No라고 말하는 것 같습니다."라는 대답을 만나게 된다. 이후 강의 내용은 "조직에는 그러한 사람이 필요하고 또 그러한 사람이 받아들여져야 유연한 조직이 된다."는 메시지를 전달하는 수순이다.

그룹에서 직위가 좀 있는 사람들을 대상으로 한 강의에서 예의 그러한 대답을 기다리고 있는데 침묵을 깨고 뒤에서 누군가 대답하기를 "하여튼 조직에 보면 저런 놈이 꼭 하나씩 있습니다."하는 것 아닌가! 남들과 다르게 생각하거나, 튀거나, 내 말에 따르지 않는 '미운 놈'이라는 속내다. 이미 그 사람들은 그림에서처럼 그런 '놈'을 보게 되면 뚜껑이 열리는 위치에 와있는 것이다. 환경과 위치가 견해를 형성한 경우다. 참으로 어렵다. 커뮤니케이션이란 것이!

그렇다면 '인간의 속성상 서로 다름을 인정하고 살아야 한다'는 메시지는 우리 인간에게 영원히 불가능한 걸까? 하는 생각을 다시금 하게 된다. 이럴 땐 가슴이 답답해 온다.

시작은 모두 미약하다

성경에 "네 시작은 미약하였으나 그 끝은 창대하리라."(욥기 8:7)는 구절이 있다. 인생의 모든 것이 그렇다. 누구나 벌거숭이 아이로 세상에 나오지만 훌륭한 아빠, 엄마가 되고, 선생님, 대통령도 된다.

피뢰침을 발명한 벤자민 프랭클린은 비가 오는 날이면 밖에 나가 연을 날리며 번개를 연구했다. 그러다 새로운 사실을 발견하게 되면 친구에게 달려가 흥분된 목소리로 자랑을 하곤 했다. 그런 행동과 발견이 유치하다고 생각한 친구는 "도대체 그깟 하찮은 일은 뭐하러 하나?"라고 핀잔을 주었다. 이에 프랭클린은 누워있는 어린아이를 가리키며 "그럼 저 아이는 무슨 소용이 있는 거지?"라는 대답을 했다.

중국을 공산화한 모택동의 역사적인 혁명도 시골의 작은 사랑방에서 몇 사람의 회합으로부터 시작되었고, 전 세계를 열광시킨 해리포터 시리즈도 출판사들의 문전박대로부터 시작되었다. 고 노무현 대통령 또한 군대에 다녀온 직후까지 시골에서 상고를 나온 평범한 부두 노동자였을 뿐이고, 지금은 한국의 대표적인 작가가 된 박완서 씨는 나이 마흔까지도 평범한 주부에 불과했다. 그래서 사람들에게는 '예전에는 나만 하지 못했지만 지금은 모두가 알 만한 잘나가는 누구'가 한 명씩 있게 마련이다.

마찬가지로 어느 분야의 정상에 있다고 해서 모두가 엘리트 코스를 밟았을 것이라 생각하는 것도 편견이다. 다시 말하면 성골, 진골 출신이어야만 정상에 설 수 있는 것은 아니라는 것이다.

영어의 예를 들면 대한민국에서 영어로 이름을 날리는 사람들의 면면을 보면 대체로 유학을 다녀온 사람들이 아니다. 오성식, 김대균, 이보영, 문단열…. 아이들까지 방학이면 해외로 연수를 가는 마당에, 해외 명문대학에서 영문학을 전공한 사람들이 즐비한 세상에, 놀랍지 않은가?(초판 발행 당시의 기준이다. 요즘에는 국내파, 유학파 상관없이 뛰어난 영어 교육자가 많다.) 요리의 일인자들도 대부분 세계 유수의 요리학교인 프랑스의 르 꼬르동 블루Le Cordon Bleu나 미국의 CIACulinary Institute of America 출신이 아니다. 우연한 기회에 조사하게 된, 강남에서 영어 과외로 열 손가락 안에 드는 사람들 대부분이 명문대 출신도 영문과 출신도 아니었다. '나는 유학파가 아닌

데', '나는 영문과 출신이 아닌데'하면서 과외 선생님이라는 작은 꿈도 접는 것이 보통 우리의 모습이라면, 꿈을 이룬 사람들의 특징은 이런 스스로의 한계에 대해서 자유로웠다는 점이다. '상고 출신이 무슨…' 이렇게 생각했다면 김대중, 노무현 대통령은 존재하지 않았을 것이다. 세상의 벽은 높은 것 같지만 의외로 쉽게 무너지기도 한다. 인간의 마음이 본래 그런 것처럼!

시작의 단계는 미미하기도 하지만 남들의 지원조차 받기 어렵다. 세상은 스스로 일어나 어느 정도까지는 제 힘으로 걷는 것을 증명해야 한다. 그래서 시작의 모습은 초라하기도 하고 서럽기도 하다. 그렇지만 일단 제 힘으로 걷기 시작하면 도움과 격려를 주는 것 또한 세상의 인심이다. 일단은 시작하는 것이 중요하다. 그래서 '시작이 반'이라고 하는 것이다.

"세상에 도움을 주는 현자가 숲속에 살고 있다면, 사람들은 거기에 길을 내고야 만다."고 했다. 우리가 누군가에게 도움을 줄 수 있는 진짜 실력을 갖는 것, 그게 핵심이다.

디스토피아

유토피아의 반대말은 디스토피아다. 역 유토피아라는 말이니 더 이상의 설명은 필요 없겠다. 지구 환경의 변화가 이러한 영향을 줄 것이라는 말이다. 1900년 산업화 이후 지구는 이미 1.1도 상승한 상태이다. 2060년이면 3도가 상승할 것으로 보고 있고, 이후는 상상하기조차 두렵다. 2도가 오르면 생물 다양성의 절반이 사라질 것이라고 전망한다. 생태계 사슬이 무너지는 상황은 상상 불가다.

독일은 500년 만에 최고의 가뭄을 맞았다. 라인 강바닥에 있는 헝거 스톤이 모습을 드러내기도 했고 미국 서부의 거대 사막 데스벨리에는 홍

수가 나기도 했다. 역대급 허리케인이 여름과 겨울에 유례없는 강도로 플로리다를 강타하기도 했다. 폭우와 폭설, 폭염과 혹한의 간극이 점점 커지고 있다. 우리도 겪고 있는 일들이다. 백년 만에 한 번 있을까 말까 한 일이 새로운 일상이 됐다고 하여 이를 '뉴노멀'이라 부른다.

바다에서는 온도 상승을 90% 이상 흡수하는데, 물은 팽창이 크게 일어나기 때문에 해수면이 상승하게 된다. 해안에서 100km 이내에 인구의 3분의 1이 살고 있는데, 해수면이 상승하면 이 문명이 사라지게 된다. 러시아-우크라이나 전쟁으로 식량과 자원이 이동에 차질이 생기면서 우리는 이미 물가 상승 및 자원의 부족을 경험하고 있다. 기후 변화는 더욱 심각한 식량 위기를 가져올 것이고, 지금까지의 정황으로는 한국이 최대 피해국이 될 것으로 보고 있다. OECD 국가 중 식량의 해외 의존도가 가장 높기 때문이다. 또한 기후변화 대응 정도가 63개국 중 60위를 기록하기도 했다.

우리나라 나주에서는 무엇이 유명했던가? 대구와 영천에서는? 여기에 '배'와 '사과'라는 답을 지금 자기도 모르게 한 사람은 소위 말하는 연식(나이)이 꽤나 된 사람이다. 요즘 학생들은 이런 답을 하지 못한다. 금산, 풍기에서 유명했던 인삼은 강원도로 올라왔다.

이렇게 되면, 머지않아 알래스카나 시베리아 정도가 이상적인 살 곳이 될 것도 같다. 이미 한여름 기온이 계속 예년의 기록을 깨고 있다. 상대적으로 겨울 산업은 위축되어 가고 있다. 스타벅스의 제 1순위 관심사도 기후변화다. 커피 산지가 바뀌고 커피 맛이 바뀌고 있기 때문이다. 그러니 기후변화는 국가 단위의 문제가 아니라 회사 단위 개인 비즈니스의 단계로 내려와 있다.

태평양에는 한반도만 한 쓰레기 섬들이 여기저기 떠다닌다. 바다새들이 쓰레기에서 먹이를 취하고 플라스틱을 먹게 되면서 아주 빠르게 멸종하고 있다. 오대호 어류 중 과반수, 북대서양 어류 73%가 미세 플라스틱을 함유하고 있다. 이미 우리가 먹고 있는 맥주, 꿀, 바다소금 등에서 미세 플라스틱이 검출되고 있다.

지성인이라면 지구의 기후변화, 온난화 문제에 관심을 기울여야 한다. 선진국이라면 응당 이에 대한 책임을 의식하고 세계 국가의 일원으로 일익을 담당하여야 한다. 안타깝게도 우리나라는 지금 반대로 가고 있는 형국이다. 그래서 대한민국을 가리켜 발표만 번지르르하게 하고 실천은 안하는 기후 얌체국이라는 소리를 듣고 있다.

기후변화의 문제는 곧바로 우리 자식과 후배들의 운명과 연결이 되어 있다. 그것도 멀지 않은 날에.

• 온실가스 배출을 줄이는 일에 동참하자: 일상적인 생활에서 폐기물, 재활용, 대중 교통 이용, 에너지 절약 등의 생활 습관을 갖자.

- 환경보호 활동에 동참하자: 지구온난화와 관련된 환경 보고 활동에 참여하여 환경 문제를 알리고, 환경 캠페인을 펼치는 등의 활동으로 사회적 인식을 높이는 일을 같이 하자.
- 환경 친화적인 소비를 지향하기: 재생에너지와 친환경 제품을 선호하는 등 환경에 부담을 덜 주는 소비 습관을 갖자.
- 정치적인 참여: 정치적인 참여를 통해 지구 온난화 문제를 정책적으로 해결할 수 있는 방안에 대한 제안과 관련 활동에 참여해 보자.

최종학력은 없다. 최근학력이 있을 뿐

요즘은 한자를 쓰면 '라떼(나 때)' 이야기를 하는 것만큼이나 젊은 친구들이 정색을 하지만, 한자성어 예를 하나 들어 보겠다. 정조와 다산이 많이 썼던 '법고창신法古創新'이라는 말이 있다. 옛것을 익히고 그것을 미루어서 새것을 안다는 '온고지신溫古知新'과 같은 뜻이다.

예전에는 자신이 살고 있는 세상에 대해서 대체로들 잘 알고 있었다는 것이고, 현재를 개선하고 새롭게 하기 위해서는 옛 선인들의 지혜를 다시 공부해야 한다는 말이다. 지금은 어떨까? 지난 역사는 대체로 다양한 경로를 통해 상식으로 알고 있지만 정작 내가 살고 있는 지금 세상에 대해서는 잘 알고 있는 사람들이 많지 않다. 설사 알고 있다고 해도 자신의 전공, 먹거리와 관련한 분야에 한정해서일 경우가 많다.

기후변화, 인구변화, 고령화, 각종 기술의 변화에 대해 어느 정도 알고 있을까? 그리고 이러한 변화들이 사는 동안 본인의 삶에 어떤 영향을 미칠 것이라는 걸 알고 있을까? 눈 어두운 사람이 밤길을 가듯 우리는 그저 대강 더듬거리며 장애물을 비껴갈 요행을 바라면서 가고 있는 형국은 아닌가?

최근 몇 년만 해도, 전 세계는 코로나19라는 새로운 경험을 하며 많은 변화를 겪었다. 대부분의 경우 상황이 어려워졌지만 누군가는 부를 거머쥐기도 했다. 알 만한 가구 회사에서 6천만 원 하는 침대가 코로나 기간 동안 6배나 팔렸다는 소식을 듣고는 '아! 어려움은 결코 같이 하는 것이 아니구나' 하는 생각을 하기도 했다.

마찬가지로 앞에서 언급한 변화들이 모두에게 안 좋지는 않을 것이다. 이는 부익부 빈익빈을 극대화 할 것이며, 나라 간, 회사 간, 개인 간의 격차를 더욱 벌려 놓을 것이다. 세상을 살아가는 방법에는 거칠게 얘기해서 두 가지 태도가 있다. 적극적으로 극복하고 이겨내는 것과, 소극적으로 적응하고 순응하는 것이다. 두 가지 모두 세상이 어떤지는 알아야 한다. 두려움과 공포는 실체를 알지 못하는 데서 온다고 하지 않던가.

변화에 대해서 알아야 하는 이유는 이것이 우리 인생의 방향성을 결정하는 데 필요하기 때문이다. 여러 요인으로 세계 각국의 경제 구조가 변화할 것이고, 이를 통해 부상하는 직업과 사라지는 직업들이 있을 것이다. 기술의 발전으로 새로운 산업이 생기기도 할 것이고 우리의 일하는 방식이 급격히 달라질 것이다.

변화에 대해 안다는 것은 문제해결 능력을 강화하는 일이기도 하다. 예를 들어 인구 구조의 변화를 알게 되면 노인 케어에 대한 필요성을 인식하고 준비하게 될 것이다. 이미 고령화 문제는 국가 사회적인 문제뿐만 아니라 가정의 명운에 영향을 미치는 일이 되고 있다. 교육 문제를 세상의 가장 중요한 일로 여기고, 여기에 버거운 투자를 하고 있는 각 가정들이 향후 변하게 될 교육의 인풋과 아웃풋 관계를 알게 된다면 지금 당장 삶의 방식과 질이 바뀔 수도 있을 것이다.

이제 최종학력이라는 말은 사라질 것이다. 오직 '최근학력'만이 필요하고 중요하게 여겨질 것이다. 부처님 또한 세상의 이치를 간파한 '제행무상諸行無常' 말씀을 남기셨다. '세상 모든 것은 변화한다'의 뜻으로 여기에 따라오는 '허무'라는 감상적 생각과는 관계없는 말이다.

지난번 대선 때, 우리는 화려한 학벌과 경력을 가진 후보들에게 '무식하다'는 표현을 하곤 했다. 지금 또한 그런 일이 벌어지고 있기도 하다. 그렇게 좋은 학벌과 경력을 가진 사람에게 어떻게 그렇게 단호하게 '무식하다'는 표현을 할 수 있었을까? 누가 봐도 최종학력만 있었지, 최근의 학력이 보이지 않기 때문이다.

최근의 학력이란 최근 공부한 흔적이 없다는 말이다. 한번 획득한 학력과 경력으로 아무런 변화와 발전 없이 여기까지 왔다는 말인 것이다. 세상은 점점 빠르게 변화할 것이고, 천천히 따라가는 정성을 보여도 결과적으로는 뒤쳐질 수 있다. 세상이 어디로 가고 있는지 계속 공부해야 하는 이유다.

참고문헌

1. 『글쓰기의 최소 원칙』, 도정일·김훈 외, 룩스문디, 2008
2. 『한가지로 승부하라』, 브라이언 트레이시, 21세기북스, 2003
3. 『아웃라이어』, 말콤 글래드웰, 김영사, 2009
4. 『학문의 즐거움』, 히로나카 헤이스케, 김영사, 2008
5. 『기업이 원하는 변화의 리더』, 존 코터, 김영사, 2007
6. 『기적의 사과』, 이시카와 다쿠지, 김영사, 2009
7. 『몰입의 즐거움』, 미하이 칙센트미하이, 해냄, 2005
8. 『한국형 시나리오 쓰기』, 심산, 해냄, 2004
9. 『끝없는 도전과 용기』, 잭 웰치, 청림출판, 2001
10. 『시간의 놀라운 발견』, 슈테판 클라인, 웅진지식하우스, 2007
11. 『실행지능』, 저스틴 멘케스, 더난출판사, 2008
12. 『익숙한 것과의 결별』, 구본형, 을유문화사, 2007
13. 『메디치 효과』, 프란스 요한슨, 세종서적, 2005
14. 『공부스파크』, 김양곤 외, 세마치, 2006
15. 『세 잔의 차』, 그레그 모텐슨 외, 이레, 2009
16. 『인디라이터』, 명로진, 해피니언, 2007
17. 『뼛속까지 내려가서 써라』, 나탈리 골드버그, 한문화, 2000
18. 『Made in 브랜드』, 야마다 도요코, 디플, 2007
19. 『왜 아무도 NO라고 말하지 않는가』, 제리 B. 하비, 크레듀, 2006
20. 『임파워먼트 실천 매뉴얼』, 박원우, 시그마컨설팅그룹, 1998
21. 『기획특강』, 김영민, 새로운제안, 2006
22. 『맥킨지식 사고와 기술』, 사이토 요시노리, 거름, 2003
23. 『일본전산 이야기』, 김성호, 쌤앤파커스, 2009
24. 『도파민네이션』, 애나 렘키, 흐름출판, 2022

저자가 출강했던 기관

일반기업체

CJ CGV	CJ그룹	GS칼텍스	KNL물류
KT	LG CNS	SK그룹	SK케미칼
S-OIL	STX그룹	강원랜드	금호아시아나그룹
넥센타이어	농심	농협	대우조선해양
동우화인켐	동원엔터프라이즈	롯데슈퍼	롯데제과
르노삼성자동차	바이오제닉스	바텍	보광훼미리마트
보령제약	삼성전기	삼성전자	삼성코닝정밀유리
삼성탈레스	삼성테스코	삼성LSI	삼성SDI
삼성SDS	삼양사	서울우유	세메스
시큐아이닷컴	아모레퍼시픽	아주그룹	에보닉데구사
여천NCC	우리은행	웅진케미칼	원익그룹
유진투자증권	유한킴벌리	이테크건설	주식회사 풍산
페이퍼코리아	평화발레오	포스데이타	포스코
한국단자공업	한국세라믹기술원	한국암웨이	한국전화번호부
한국정보통신협회	한솔교육	한진중공업	한화석유화학
현대기아자동차	현대삼호중공업	현대오일뱅크	

정부기관

강원도인재개발원	건강보험심사평가원	경기도가족여성개발원	경기여성비전센터
관세청	교통안전공단	국립환경인력개발원	국민건강보험공단
국방과학연구소	남양주시청	노동부	노동행정연수원
법무부	병무청	보건복지가족부	서울시청
서울시 공무원교육원	서울체신청	외교안보연구원	중소기업청
용산구 시설관리공단	인천시 공무원교육원	전기안전기술교육원	중앙공무원교육원
전라남도 공무원교육원	전라북도 공무원교육원	제주도 공무원교육원	중앙소방학교
중앙전파관리소	충청남도 공무원교육원	충청북도 자치연수원	한국고용정보원

| 한국농어촌공사 | 한국보훈복지의료공단 | 한국원자력연구원 | 한국전기안전공사 |
| 한국토지주택공사 | 한국해양연구원 | KT&G | |

대학교

| 건양대학교 | 경북대학교 | 동국대학교 | 이화여자대학교 |
| 인천문예전문학교 | 중앙대학교 | 한성대학교 | |

기타

| 관악노인복지회관 | 전라남도 학원연합회 | 중앙성모병원 | 평택상공회의소 |
| 신사회공동선운동연합 | | | |

주요 강의 주제

리더십	전략적 문제해결	기획력	문서작성
프리젠테이션스킬	미팅(회의) 스킬	커뮤니케이션	창의적 사고
윤리경영 및 연구윤리	시간관리	코칭 멘토링	갈등 협상
의사결정			

저자연락처

http://blog.naver.com/mindsetu/
E-mail : mindsetu@naver.com
Kakao ID: mindsetu

임계점을 넘어라(개정판)

© 김학재, 2023

2판 1쇄 인쇄__2023년 07월 20일
2판 1쇄 발행__2023년 07월 30일

지은이__김학재
펴낸이__홍정표
펴낸곳__글로벌콘텐츠
　　　　등록__제25100-2008-000024호

공급처__(주)글로벌콘텐츠출판그룹
　　　　대표_홍정표 이사_김미미
　　　　편집_임세원 강민욱 백승민 권군오 기획·마케팅_이종훈 홍민지
　　　　주소__서울특별시 강동구 풍성로 87-6
　　　　전화__02) 488-3280 팩스__02) 488-3281
　　　　홈페이지__http://www.gcbook.co.kr
　　　　이메일__edit@gcbook.co.kr

값 16,000원
ISBN 979-11-5852-394-7 03190